독자의 1초를 아껴주는 정성!

세상이 아무리 바쁘게 돌아가더라도
책까지 아무렇게나 빨리 만들 수는 없습니다.
인스턴트 식품 같은 책보다는
오래 익힌 술이나 장맛이 밴 책을 만들고 싶습니다.

길벗이지톡은 독자 여러분이 우리를 믿는다고 할 때 가장 행복합니다.
나를 아껴주는 어학 도서, 길벗이지톡의 책을 만나보십시오.

땀 흘리며 일하는 당신을 위해
한 권 한 권 마음을 다해 만들겠습니다.
마지막 페이지에서 만날 새로운 당신을 위해
더 나은 길을 준비하겠습니다.

독자의 1초를 아껴주는 정성을 만나보십시오.

”

여행 영어 무작정 따라하기
The Cakewalk Series-TRAVEL ENGLISH

초판 1쇄 발행 · 2023년 8월 14일
초판 2쇄 발행 · 2024년 6월 10일

지은이 · 라이언
발행인 · 이종원
발행처 · ㈜ 도서출판 길벗
브랜드 · 길벗이지톡
출판사 등록일 · 1990년 12월 24일
주소 · 서울시 마포구 월드컵로 10길 56(서교동)
대표전화 · 02)332–0931 | **팩스** · 02)323–0586
홈페이지 · www.gilbut.co.kr | **이메일** · eztok@gilbut.co.kr

기획 및 책임편집 · 고경환 (kkh@gilbut.co.kr) | **디자인** · 강은경 | **제작** · 이준호, 손일순, 이진혁
마케팅 · 이수미, 장봉석, 최소영 | **유통혁신** · 한준희 | **영업관리** · 김명자, 심선숙 | **독자지원** · 윤정아

본문 디자인 · 박수연 | **교정교열** · 안현진 | **전산편집** · 허문희 | **녹음 및 편집** · 와이알미디어
인쇄 · 금강인쇄 | **제본** · 금강인쇄

ISBN 979-11-407-0593-1 03740
(길벗 도서번호 301161)

정가 13,000원

독자의 1초를 아껴주는 정성 길벗출판사

(주)도서출판 길벗 | IT교육서, IT단행본, 경제경영서, 어학&실용서, 인문교양서, 자녀교육서 **www.gilbut.co.kr**
길벗스쿨 | 국어학습, 수학학습, 어린이교양, 주니어 어학학습, 학습단행본 **www.gilbutschool.co.kr**

English

여행 영어

TRAVEL
무작정
따라하기

❶ 미리 보는 책

2주만 준비해도 다 통한다!

미리 보는 실제 상황으로

더 완벽한 여행을 준비한다!

라이언 지음

여행 영어 무작정 따라하기 일러두기

01 미리보는 책

여행 영어를 체계적으로 학습하고 싶은 분께 추천합니다. 실제 상황을 고려해 더욱 풍성한 표현을 익히고 싶다면
2주일 코스를 목표로 학습해 보세요. 당신의 여행이 달라집니다.

출국부터 귀국까지!

기내-공항-교통-호텔-길
거리-식당-쇼핑-관광지-
위급 상황별로 꼭 필요한
핵심표현만 담았습니다!

**30개 핵심패턴으로
빈틈없이!**

단어만 바꾸면 수십 가지
문장을 말할 수 있습니다!

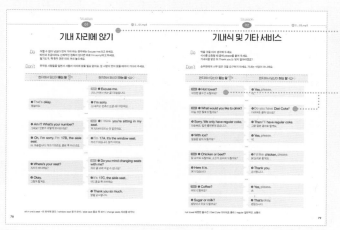

앞에서 학습한 패턴을 실
제 상황에서 어떻게 쓰는
지 상황별로 연습합니다.

듣는 말과 하는 말을 구분
하여 집중 학습이 가능합
니다.
상황에 따라 다양한 질문
과 대답을 선택해 학습합
니다.

02 가서 보는 책

기내에서, 공항에서, 여행하면서 언제 어디서나 참고할 수 있는 활용편입니다. 필요한 정보만 쏙쏙 골라 담아, 여행 내내 유용하게 활용할 수 있습니다.

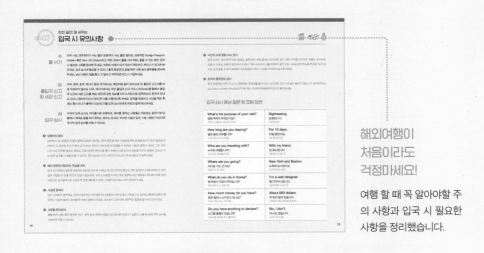

해외여행이 처음이라도 걱정마세요!

여행 할 때 꼭 알아야할 주의 사항과 입국 시 필요한 사항을 정리했습니다.

여행에 꼭 필요한 유용한 애플리케이션과 활용법까지 알려줍니다.

모든 상황이 한 권에! 여행에 꼭 필요한 유용한 애플리케이션과 활용법까지 알려줍니다.

 기내
 공항
 교통
 호텔
 길거리
 식당
 쇼핑
 관광지
 위급

생존을 위한 기초 표현 30개와 모르면 난감해지는 날짜, 시간, 돈 등 숫자 읽기를 일목요연하게 정리했습니다.

외국인을 대할 때의 문화 차이와 기본적인 에티켓을 알려줍니다.

원어민의 억양과 발음에 익숙해질 수 있도록 MP3 파일을 무료로 제공합니다. 길벗이지톡 홈페이지 (gilbut.co.kr)에서 <여행 영어 무작정 따라하기> 도서 제목으로 검색하세요.

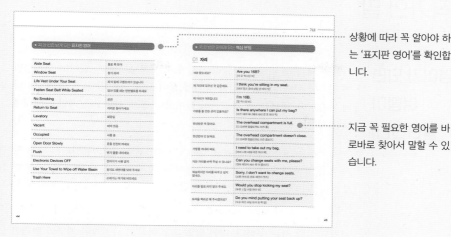

상황에 따라 꼭 알아야 하는 '표지판 영어'를 확인합니다.

지금 꼭 필요한 영어를 바로바로 찾아서 말할 수 있습니다.

각 상황별 핵심 단어를 읽고 말할 수 있도록 인덱스로 정리했습니다.

작가의 말

영어가 되면 여행이 달라진다!

가까운 제 친구 이야기를 들려 드릴게요. 코로나 사태가 끝나고 모처럼만에 친구는 아껴두었던 연차와 휴가를 끌어 모아 열흘 간 뉴욕 여행을 떠나게 됐습니다. 준비는 잘 마쳤는지 물어보니 일정, 예약도 문제없고 영어에 대한 걱정도 없어 보였어요.

"영어? 무슨 열흘 여행 가는데 영어 공부냐? 손짓, 눈짓 동원해서 아는 단어 대충 말하면 되지. 그리고 요즘 번역 앱 잘 나와서 그거 쓰면 돼. 안 되면 주변에 있는 한국 사람들한테 도와 달라고 해도 되고. 거기도 다 사람 사는 데야."

거기도 사람 사는 곳이다, 맞는 말입니다. 특유의 낙천적인 친구의 명쾌한 대답이었습니다. 그런데 며칠 뒤 저는 전화 한 통을 받았어요, 친구였습니다. 차를 렌트하러 왔는데 영어가 안 통해 급하게 제게 연락을 한 겁니다. 그 후로도 친구의 '영어 잘하는 지인 찬스'는 계속 되었습니다. 친구가 여행에서 돌아온 뒤 나눈 이 대화가 이 책을 집필하게 된 중요한 계기가 되었습니다.

"여행은 어땠어?"
"나름 괜찮았어. 근데 영어를 하면 더 재미있었을 것 같아.
왜 영어 잘하는 사람이랑 같이 여행하는지 알겠더라."
"번역 앱은 도움이 안 됐어?"
"번역 앱은 쓸 겨를도 없었어. 앱을 보여 줘도 이해를 못하는 것 같더라고."
"주변에 영어하는 한국 사람은?"
"한국 사람들은 보이는데 쑥스러워서 차마 도와달라고 말을 못하겠더라고. 일본이나 홍콩 여행할 때는 현지 사람들도 영어를 못하고 나도 못하니까 콩글리시 섞어가며 당당하게 말했는데 미국 여행에서는 나만 영어를 못하니까 왠지 모르게 의기소침해 지는 거야."
"어떤 느낌이었는지 알겠다."
"꽤 유명한 샐러드 가게에 들어갔는데 마침 점심때라서 직장인들이 바글바글한 거야. 줄을 서 있는데 어떻게 주문해야 되는지 깜깜하더라니까. 선택할 거는 왜 이렇게 많은 거니? 주문 받는 사람 영어는 빠르고, 나는 뭐라고 해야 할지도 모르겠고 뒤에 줄 선 사람들은 괜히 눈치를 주는 것 같고. 정말 식은 땀 나더라니까. 그래서 손가락으로 지목하고 주문하는 사람이 말하는 거에 무조건 Yes 해서 주문했지. 그 때 내가 뭘 먹었는지도 모르겠어."
"어떻게 주문하는지 모르겠다고 알려 달라고 하지."

"그 말을 영어로 할 줄 모르니까 그랬지. 그래서 그 후로는 사람 별로 없는 식당이나 점심시간을 피해서 갔어. 내 돈 내고 괜히 눈칫밥 먹는 느낌이었다니까."

"그러게 기본적인 영어 표현은 좀 보고 가지 그랬어."

"내 말이... 다음에는 꼭 너하고 같이 가야겠어!"

친구의 말처럼 해외여행을 할 때 영어가 꼭 필요한 것은 아닙니다. 하지만 **영어를 할 수 있으면 더 품격 있는 여행을 즐길 수 있죠. 적어도 의사소통에 대한 스트레스를 줄이고 자신이 원하는 바를 정확하고 당당하게 전달할 수 있잖아요.** 진정으로 내 여행을 업그레이드 시키고 싶다면 비즈니스 클래스 마일리지 대신 여행 영어를 할 수 있는 능력이 필요합니다.

여행 영어도 토익이나 수능 영어처럼 "열심히" 공부해야 할까요? 그럴 필요까지는 없습니다. **여행에서는 사용하는 영어 표현이 한정되어 있거든요. 상황에 맞게 필요한 영어 표현이 눈에 들어오도록 학습하면 됩니다.** 그리고 기본 영어 회화에 사용하는 중학교 수준의 패턴 몇 가지만 연습하세요. '이렇게 쓸 수 있구나' 정도로 감을 익히는 겁니다. 실제 상황에서 기억이 나지 않는다면 책을 참고해서 말할 수도 있죠. 단어가 생각나지 않으면 앱을 활용할 수도 있습니다. **'완벽하게 준비하자'가 아닌 '기본만 하자'의 태도로 '단기간'에 '부담 없이' 학습하세요.** 그리고 나머지는 상황에 맡기는 겁니다.

해외여행의 경험이 많지 않아도, 영어를 못해도 이제 즐겁게 여행할 수 있습니다. 이 책의 '미리 보는 책'을 통해 실제 상황처럼 여행 영어를 시뮬레이션하며 구체적인 여행 일정을 짜보세요. 여행을 떠날 때는 '가서 보는 책' 한 권만 챙겨서 꼭 필요한 영어를 그 때 그 때 바로 찾아볼 수 있습니다.

팬데믹의 긴 터널을 지나 이제는 해외여행을 자유롭게 즐길 수 있게 되었습니다. 항공권과 호텔을 패키지로 싸게 구입하셨다고요? 마음에 맞는 친구와 모처럼 휴가 기간도 맞추셨다고요? 그렇다면 **이제 여행 영어를 준비할 차례입니다.** 여행 영어를 연습하면서 앞으로 펼쳐질 여행을 꿈꿔 보시기 바랍니다. **여러분의 여행이 영어로 인해 더 즐겁고 더 아름답게 기억되기를 바랍니다.**

라이언

PART 2

실전에서는 이렇게 쓰자! 현실 대화 45

PART 1

이것만은
알고 가자!
핵심 패턴 30

~, please

~ 주세요, ~해 주세요

상대방에게 무언가를 요청할 때 가장 쉽게 쓸 수 있는 표현이에요. 여러분이 원하는 음식이나 물건 등 요구사항을 아주 간단히 이야기하고 뒤에 please를 붙이면 돼요. 원하는 것만 짧게 말하면 무례하게 들릴 수 있으니 please를 붙여서 공손하고 세련되게 말해 보세요.

01	물 주세요.	Water, please.
02	밥으로 주세요.	Rice, please.
03	창가 자리로 주세요.	Window seat, please. aisle seat 통로 쪽 좌석
04	앞자리로 해 주세요.	Front seat, please.
05	메트로 카드 두 장 주세요.	Two Metro cards, please.
06	엠파이어 스테이트 빌딩으로 가 주세요.	Empire State Building, please.
07	트윈 침대로 주세요.	Twin bed, please.
08	그거 가방에 넣어 주세요.	Put it in the bag, please.

기내 공항 교통 호텔 길거리 식당 쇼핑 관광지 위급

비행기에서 식사를 고를 때

Flight Attendant: Chicken or beef?

You: Chicken, please.

승무원: 닭 요리로 드릴까요, 소고기 요리로 드릴까요?

당신: 닭 요리 주세요.

09	땅콩 한 봉지 주세요.	A bag of peanuts, please.
10	포장해 주세요.	To go, please.
11	여기서 먹으려고요.	For here, please.
12	계산서 주세요.	Check, please.
13	*(가까운 것을 가리키며)* 이거 3개 주세요.	Three of these, please.
14	*(먼 것을 가리키며)* 저거 4개 주세요.	Four of those, please.
15	어른 2명 주세요.	Two adults, please.
16	그냥 1개만 주세요.	Just one, please.

Excuse me, where's ~?

저기요, ~는 어디에 있어요?

우리도 낯선 사람에게 말을 걸 때, "저기요"라며 운을 떼잖아요? 영어에서 '저기요'에 해당하는 표현이 바로 Excuse me.예요. Where's ~?는 어떤 것의 위치를 물을 때 사용하는 표현인데, Where is 대신에 Where's로 줄여서 말하는 거예요. 복수형은 Where are ~?입니다.

01	저기요, 다른 화장실은 어디에 있나요?	Excuse me, where's another restroom?
02	저기요, 안내 센터는 어디에 있나요?	Excuse me, where's the information center?
03	저기요, 환전소는 어디에 있나요?	Excuse me, where's the currency exchange?
04	저기요, 택시 타는 곳이 어디에 있나요?	Excuse me, where's the taxi stand?
05	저기요, 매표소는 어디에 있어요?	Excuse me, where's the ticket counter?
06	저기, 헬스장은 어디에 있나요?	Excuse me, where's the gym?
07	저기, 세탁실은 어디에 있나요?	Excuse me, where's the laundry room?
08	저기요, 여자 화장실은 어디에 있나요?	Excuse me, where's the ladies' room?

기내　공항　교통　호텔　길거리　식당　쇼핑　관광지　위급

식당에서

You: Excuse me, where's the restroom?

Server: It's next to the counter.

당신: 저기요, 화장실이 어디에 있나요?

서버: 계산대 옆에 있습니다.

09	저기요, 가장 가까운 현금 자동 입출금기는 어디에 있나요?	Excuse me, where's the nearest ATM?
10	저기요, 콘센트가 어디에 있나요?	Excuse me, where's the outlet?
11	저기요, 여행용 치약은 어디에 있나요?	Excuse me, where's the traveler's toothpaste?
12	저기, 생일 카드는 어디에 있을까요?	Excuse me, where are birthday cards?
13	저기요, 여자 옷은 어디에 있나요?	Excuse me, where are the women's clothes?
14	저기요, 탈의실은 어디에 있나요?	Excuse me, where's the fitting room?
15	저기요, 엘리베이터가 어디에 있죠?	Excuse me, where's the elevator?
16	저기요, 지금 여기가 어디죠?	Excuse me, where am I?

I'd like ~

~ 주세요, ~하고 싶어요

자신이 원하는 것을 간단하게 말할 때 사용하는 표현이에요. 주문을 하거나 물건을 살 때 자신이 원하는 것을 I'd like 바로 뒤에 붙여 주세요. 만일 어떤 행동을 하고 싶다고 말하고 싶으면 I'd like 뒤에 'to + 동사 기본형'을 써 주세요.

01	와인 한 잔 주세요.	**I'd like** a glass of wine.
02	돌아가는 표를 확인하고 싶어요.	**I'd like to** confirm my returning ticket.
03	지하철 노선도 하나 주세요.	**I'd like** a subway map.
04	4시 30분 기차로 주세요.	**I'd like** the 4:30 train.
05	SUV 차량이 좋겠습니다.	**I'd like** an SUV.
06	컴퓨터를 좀 쓰고 싶은데요.	**I'd like to** use a computer.
07	톨 사이즈 아이스 라떼 주세요.	**I'd like** a tall iced latte.
08	오렌지 주스로 할게요.	**I'd like** some orange juice.

기내   공항   교통   호텔   길거리   식당   쇼핑   관광지 위급

식당에서

👤 **You:** I'd like a baked potato.

🧑 **Server:** Okay. You can choose one more side dish.

당신: 구운 감자로 할게요.

서버: 알겠습니다. 사이드 메뉴를 하나 더 선택하실 수 있어요.

09	체크카드를 사용하고 싶어요.	I'd like to use my debit card.
10	환불받고 싶어요.	I'd like a refund.
11	이것을 교환하고 싶어요.	I'd like to exchange this.
12	입어 보고 싶어요.	I'd like to try it on.
13	선물 포장 하고 싶어요.	I'd like it gift-wrapped.
14	오디오 투어를 신청하고 싶어요.	I'd like to sign up for the audio tour.
15	자전거를 빌리고 싶어요.	I'd like to rent a bike.
16	도난신고를 하고 싶은데요.	I'd like to report a theft.

I have / I don't have ~

~가 있어요 / ~가 없어요

'나에게 ~가 있다'고 말하고 싶을 때는 I have ~를 써 주세요. 반대로 '~가 없다'라고 하고 싶으면 I don't have ~라고 하세요. 아주 쉬운 표현이지만 막상 쓰려고 하면 입 밖으로 잘 나오지 않으니까 여러 문장을 통해서 연습해 주세요.

01	한국 여권을 가지고 있어요.	I have a Korean passport.
02	가방을 안 가지고 있어요.	I don't have a bag.
03	배낭 1개가 있어요.	I have a backpack.
04	짐 가방이 2개 있어요.	I have two luggage.
05	부칠 가방이 1개 있어요.	I have a bag to check in.
06	부칠 가방이 없어요.	I don't have any bags to check in.
07	약 천 달러 정도 있어요.	I have about 1,000 dollars.
08	국제 운전 면허증이 있어요.	I have an international driver's license.

기내 공항 교통 호텔 길거리 식당 쇼핑 관광지 위급

입국 심사에서

Immigration officer: Do you have anything to declare?

You: No, I have nothing to declare.

출입국 심사관: 신고할 거 있습니까?

당신: 아뇨. 신고할 것이 없습니다.

09	1일 패스가 있어요.	I have a One Day Pass.
10	가족은 없어요.*(혼자예요.)*	I don't have any family members.
11	할인 쿠폰이 있어요.	I have a discount coupon.
12	멤버십 카드는 없어요.	I don't have a membership card.
13	돈 없어요.	I don't have any money.
14	주머니에 아무것도 없어요.	I have nothing in my pockets.
15	인쇄해 온 표가 있어요.	I have a printed ticket.
16	열쇠가 없어요.	I don't have the key.

23

Are you ~?

~이신가요?, ~하신가요?

상대방이 어떤 사람인지, 어떤 곳에 있는지, 어떤 상태인지 물어보고 싶을 때 사용하는 가장 대표적인 표현이에요. 이때 you는 '당신'이라는 뜻 이외에도 말을 듣는 사람이 속해 있는 장소, 일하는 곳 등의 전체를 지칭할 수 있어요.

01	(좌석이) 16B 맞으세요?	Are you 16B?
02	김미나 씨를 찾으세요?	Are you looking for Mina Kim?
03	48번 버스 기다리시나요?	Are you waiting for Bus 48?
04	컴퓨터 사용하시는 거예요?	Are you using the computer?
05	이 의자 쓰시나요?	Are you using this chair?
06	(현금 지급기를 사용하기 위해 앞 사람에게) 다 하셨어요?	Are you done?
07	메트로 카드 여기서 파나요?	Are you selling Metro Cards here?
08	들어가시는 건가요?	Are you going in?

기내 공항 교통 호텔 길거리 식당 쇼핑 관광지 위급

서점에서

You: Are you in line?
Man: Oh, no, sorry.

당신: 줄 서 계신 거예요?
남자: 어, 아뇨. 죄송합니다.

09	현금도 받으시나요?	Are you taking cash?
10	점심시간에 영업하시나요?	Are you open for lunch?
11	줄 서신 거예요?	Are you in line?
12	할인을 해 주시는 거예요?	Are you giving me a discount?
13	이거 파시는 거예요?	Are you selling this?
14	지금 문 닫으시는 건가요?	Are you closing now?
15	영업하시는 거예요?	Are you open?
16	소호 가는 건가요?	Are you going to Soho?

Just ~

그냥 ~해요, ~만 주세요

우리말도 복잡하게 말하지 않고 '그냥 ~해요', '~만이에요', '~만 주세요'라고 하잖아요? 이럴 때 쓸 수 있는 가장 적절한 영어표현이 Just ~예요. Just 뒤에 여러분이 원하는 것이나 하고 있는 동작을 쓰면 됩니다. 또한, '딱 ~네요'라는 뜻으로도 Just ~를 사용할 수 있어요.

01	이 가방뿐이에요.	Just this bag.
02	그냥 관광하려고 합니다.	Just sightseeing.
03	그냥 친구를 방문하려고 해요.	Just visiting my friend.
04	단지 이틀입니다.	Just two days.
05	오늘 밤만이요.	Just tonight.
06	저것만 주세요.	Just that one, please.
07	이것만 할게요.	Just this one.
08	그냥 친구를 기다려요.	Just waiting for my friend.

기내　공항　교통　호텔　길거리　식당　쇼핑　관광지　위급

백화점에서

Salesperson: Anything you need, ma'am?

You: Just browsing.

판매원: *(여자 손님에게)* 필요한 거 있으세요?

당신: 그냥 둘러보는 거예요.

09	저 혼자입니다.*(한 명입니다.)*	Just me.
10	조금만 넣어 주세요.	Just a little bit, please.
11	딱 좋아요!	Just perfect!
12	커피만 주세요.	Just coffee.
13	우유만 넣어 주세요.	Just milk, please.
14	원 샷만 주세요. 투 샷 말고요.	Just one shot, not two.
15	그냥 둘러보는 거예요.	Just looking around.
16	딱 제 사이즈네요.	Just my size.

I'm -ing

~하려고요, ~할 겁니다

현재진행형은 지금 하고 있는 동작을 말할 때 사용한다고 배우셨죠? 하지만 회화에서는 가까운 미래에 계획된 일이나 의도를 말할 때도 자주 씁니다. 지금 당장, 내일, 다음 주 등에 내가 하려는 일을 말할 때 I'm -ing를 쓰면 '~하려고요', '~할 예정입니다'라는 뜻이 된답니다.

01		다음 비행기로 갈아탈 거예요.	I'm transferring to another flight.
02		화장실 안 씁니다.	I'm not using the restroom.
03		친척을 방문하는 거예요.	I'm visiting my relatives.
04		다음 주 화요일에 떠나요.	I'm leaving next Tuesday.
05		메리어트 호텔에 머물 거예요.	I'm staying in the Marriott.
06		다음 비행기를 기다립니다.	I'm waiting for the next flight.
07		다음 정류장에 내립니다.	I'm getting off at the next stop.
08		4일 머무를 예정입니다.	I'm staying for four days.

기내　공항　교통　호텔　길거리　식당　쇼핑　관광지　위급

입국 심사에서

🛂 **Immigration Officer:** When are you leaving?　　출입국 심사관: 언제 출국합니까?

🚹 **You:** I'm leaving in two weeks.　　당신: 2주 뒤에 출국합니다.

09	내일 오전에 체크아웃하려고요.	I'm checking out tomorrow morning.
10	저는 안 먹어요.	I'm not eating.
11	아직 생각 중이에요.	I'm still thinking.
12	이거 사려고 합니다.	I'm buying this.
13	그건 안 사려고요.	I'm not buying that.
14	저는 안 들어가요.	I'm not going in.
15	사진을 안 사려고요.	I'm not buying the photo.
16	제 가방을 찾고 있어요.	I'm looking for my bag.

I need to ~

~해야 해요

직역하면 '~할 필요가 있다'는 뜻이지만, I need to ~는 자신이 하고 싶은 일을 조금 강하게 말할 때 사용할 수 있어요. 앞에서 배운 I'd like to ~가 공손하게 무언가를 하고 싶다고 말할 때 사용한다면, I need to ~에는 조금 다급하거나 약간 강한 어조가 있어요. I need 뒤에 to 없이 바로 명사를 쓰면 '~가 필요하다'란 의미입니다.

01	가방을 꺼내야 해요.	I need to take out my bag.
02	20분 안에 비행기를 타야 해요.	I need to catch my flight in 20 minutes.
03	30분 내로 환승을 해야 해요.	I need to transfer in 30 minutes.
04	지금 내려야 돼요.	I need to get off now.
05	교통 카드를 충전해야 해요.	I need to charge my card.
06	이메일을 확인해야 합니다.	I need to check my email.
07	아침에 일찍 일어나야 해요.	I need to get up early in the morning.
08	항공권을 인쇄해야 해요.	I need to print out my plane ticket.

기내　공항　교통　호텔　길거리　식당　쇼핑　관광지　위급

호텔에서

Hotel clerk: Can I help you, sir?

호텔 직원: *(남자 손님에게)* 손님, 도와드릴까요?

You: I need to use the restroom.

당신: 화장실을 쓰고 싶어요.

09	이 지폐를 잔돈으로 바꿔야 해요.	I need to break this bill.
10	물이 필요해요.	I need some water.
11	비닐봉지가 필요해요.	I need a plastic bag.
12	약을 먹어야 해요.	I need to take my medicine.
13	한국어를 할 줄 아는 사람이 필요해요.	I need someone who can speak Korean.
14	반창고가 필요합니다.	I need a Band-Aid. 구급상자 first-aid kit
15	의사한테 가야 합니다.	I need to see a doctor.
16	구급차를 불러 주세요.	I need an ambulance.

Do you have ~?

~ 있나요?

Do you have ~?는 상대방에게 무언가가 있는지 물어볼 때 사용하는 표현으로, '~ 있나요?', '~ 취급합니까?'라는 뜻이에요. 가게에서 특정 물건을 구입하려고 하거나 식당에서 어떤 음식을 먹고 싶을 때, 호텔에서 이용하고 싶은 서비스가 있는지 물어볼 때 사용하세요.

01	녹차 있어요?	**Do you have** green tea?
02	토마토 주스 있나요?	**Do you have** tomato juice?
03	가방에 붙일 수하물 꼬리표 있나요?	**Do you have** a baggage tag for my luggage?
04	이 호텔에 세탁실이 있나요?	**Do you have** a laundry room in this hotel?
05	사용할 수 있는 다리미가 있나요?	**Do you have** an iron that I can use?
06	매운 음식 있어요?	**Do you have** any spicy food?
07	면 말고 밥도 있나요?	**Do you have** rice, not noodles?
08	열쇠 하나 더 있을까요?	**Do you have** an extra key?

기내   공항   교통   호텔   길거리   식당   쇼핑   관광지   위급

가게에서

👤 **You:** Do you have a Sim Card for iPhone?   **당신:** 아이폰 유심 카드 있나요?

🧍 **Salesperson:** Yes. What kind of iPhone do you use?   **판매원:** 네. 어떤 아이폰을 쓰시나요?

09	아이패드 최신 모델 있나요?	Do you have a new iPad?
10	이 셔츠 다른 색깔도 있나요?	Do you have this shirt in different colors?
11	더 작은 사이즈 있을까요?	Do you have a smaller size?
12	이것으로 4개 있나요?	Do you have four of these?
13	이거 파란색도 있나요?	Do you have this in blue?
14	이거 저한테 맞는 사이즈도 있을까요?	Do you have this in my size?
15	새 제품으로 있나요?	Do you have a new one?
16	한국말로 된 안내서 있으세요?	Do you have a brochure in Korean?

33

Is there ~?

~ 있나요?

Do you have ~?는 상대에게 속해 있는 것에 대해서 '~ 있나요?'라고 물을 때 사용해요. 반면에 길거리에서 사람들에게 '~ 있나요?'라고 물을 때는 Is there ~?를 써요. 가령 화장실이 근처에 있는지를 행인에게 물어보는 경우 화장실은 그 사람에게 속한 것이 아니므로 Do you have a restroom nearby?가 아니라 Is there a restroom nearby?라고 물어보는 게 좋아요.

01	시내 가는 버스가 있나요?	**Is there** a bus going downtown?
02	잠깐 짐을 보관할 곳이 있을까요?	**Is there** any place I can keep my luggage for a while?
03	현금 지급기가 있을까요?	**Is there** an ATM?
04	근처에 다른 나이키 판매점이 있나요?	**Is there** another Nike store nearby?
05	근처에 물품 보관함이 있나요?	**Is there** a locker nearby?
06	근처에 지하철역이 있나요?	**Is there** a subway station nearby?
07	근처에 버스 정류장 있나요?	**Is there** a bus stop nearby?
08	근처에 푸드 코트가 있을까요?	**Is there** a food court nearby?

기내　공항　교통　호텔　길거리　식당　쇼핑　관광지　위급

쇼핑몰에서

You: Is there a currency exchange in the mall?　　**당신:** 쇼핑몰 안에 환전소가 있나요?

Security Guard: I'm afraid not.　　**경비원:** 없는 것 같습니다.

09	이 쇼핑몰에 서점이 있나요?	Is there a bookstore in this mall?
10	물을 살 수 있는 곳이 있을까요?	Is there any place I can buy some water?
11	근처에 벼룩시장이 있나요?	Is there a flea market nearby?
12	노천 시장이 있나요?	Is there a street market?
13	마사지를 받을 수 있는 곳이 있을까요?	Is there any place I can get a massage?
14	서핑을 배울 수 있는 곳이 있을까요?	Is there any place I can learn surfing?
15	스쿠버 다이빙을 해 볼 수 있는 곳이 있을까요?	Is there any place I can try scuba diving?
16	한국어를 하는 사람이 있나요?	Is there anyone who speaks Korean?

That's ~

그거 ~예요

나에게서 조금 떨어진 것을 가리키며 '그거 ~예요'라고 할 때 쓰는 표현이에요. 손으로 가리키면서 말하면 좀 더 명확하게 의미를 전달할 수 있겠죠? It's ~ 역시 비슷한 의미를 가진 표현이에요. 참고로 나와 가까운 거리에 있는 것을 가리킬 때는 This is ~라고 해 주세요.

01	제 자리예요.	That's my seat.
02	그거 제 담요예요.	That's my blanket.
03	제 짐이에요.	That's my luggage.
04	제 것이 아니에요.	That's not mine.
05	거기가 제가 가려고 하는 곳이에요.	That's where I want to go.
06	좋아요.	That's nice.
07	*(직원에게 안내 사항을 전달받은 뒤)* 완벽해요.	It's perfect.
08	정말 멋있어요.	It's really amazing.

기내　공항　교통　호텔　길거리　식당　쇼핑　관광지　위급

공항에서

Inspector: Whose bag is this?
You: That's mine.

검사관: 이건 누구 가방이죠?
당신: 그거 제 거예요.

09	맛있어요.	It's delicious.
10	그거 제 커피예요.	That's my coffee.
11	너무 커요.	That's too big.
12	제 취향이에요.	That's my style.
13	제 사이즈가 아니에요.	That's not my size.
14	남자친구 주려고요.	It's for my boyfriend.
15	제가 좋아하는 색깔이 아니네요.	That's not my color.
16	(누군가가 자신의 이름을 호명할 때) 접니다.	That's me.

I'll ~

~하겠습니다, ~할게요

I'll은 I will을 줄인 말로, '~하겠습니다', '~할게요'라는 의미입니다. 말하는 사람이 곧 어떤 일을 하겠다고 말할 때 쓰는 표현이죠. 회화에서는 [아이 윌]이라고 또박또박 발음하지 않고 [아일] 정도로 흘려서 발음해 주세요.

01	가방을 뒤에 둘게요.	I'll put my bag in the back.
02	맥주를 마실게요.	I'll have beer.
03	공항에서 차를 반납할게요.	I'll return the car at the airport.
04	다음 정거장에서 내릴게요.	I'll get off at the next stop.
05	2박 더 머물 거예요.	I'll stay two more nights.
06	지도를 보여 드릴게요.	I'll show you the map.
07	현금을 사용하겠습니다.	I'll use cash.
08	버섯 리조또로 할게요.	I'll have mushroom risotto.

기내 공항 교통 호텔 길거리 식당 쇼핑 관광지 위급

가게에서

👤 **Salesperson:** It's 10 bucks.　　　판매원: 10달러입니다.

👤 **You:** I'll take it.　　　당신: 살게요.

09	대기자 명단에 이름을 올릴게요.	**I'll** put my name on the waiting list.
10	차 마실게요.	**I'll** have tea.
11	그걸로 살게요.	**I'll** buy it.
12	배낭에 넣을게요.	**I'll** put it in my backpack.
13	그건 나중에 살게요.	**I'll** buy it later.
14	다시 올게요.	**I'll** be back.
15	한국 대사관에 연락하겠어요.	**I'll** call the Korean embassy.
16	경찰에 연락하겠어요.	**I'll** call the police.

Can I ~?

~해도 되나요?

내가 무언가를 해도 되는지 상대에게 공손하게 물어볼 때 사용하는 표현이에요. 같은 의미로 Can I ~? 대신에 May I ~?를 써도 괜찮아요. 음식점이나 카페 등에서 주문을 할 때는 '(~해) 주시겠어요?'란 의미로 Can I have(get) ~? 패턴을 자주 사용해요.

01	펜 좀 써도 될까요?	**Can I use** your pen?
02	이제 가도 되나요?	**Can I go** now?
03	이 카드로 지하철을 탈 수 있나요?	**Can I use** this card for the subway?
04	12시에 체크아웃해도 되나요?	**Can I check** out at noon?
05	당신의 개 사진을 찍어도 될까요?	**May I take** a picture of your dog?
06	얼음물 주시겠어요?	**Can I get** some ice water?
07	프렌치 어니언 수프 주실래요?	**Can I get** French onion soup?
08	종이컵 하나 더 받을 수 있을까요?	**Can I get** an extra paper cup?

기내　공항　교통　호텔　길거리　식당　쇼핑　관광지　위급

카페에서

You: Can I have a tall coffee?

Cashier: For here or to go?

당신: 톨 사이즈 커피 주실래요?

계산원: 여기서 드시나요, 가져가시나요?

09	이거 두 개 20달러에 살 수 있을까요?	Can I buy these two for 20 dollars?
10	좀 봐도 될까요?	May I take a look?
11	선물 포장 가능할까요?	Can I get it gift-wrapped?
12	면세 받을 수 있나요?	Can I get it duty-free?
13	여기서 핸드폰 충전을 해도 될까요?	Can I charge my phone here?
14	당신하고 같이 사진 찍어도 될까요?	May I take a picture with you?
15	이거 여기에 둬도 되나요?	Can I leave it here?
16	화장실 좀 써도 될까요?	May I use your restroom?

How ~?

얼마나 ~한가요?

How 다음에 형용사(부사)를 붙이면 '얼마나 ~한가요?'라는 의문문이 돼요. 가격이나 수량을 물어볼 때는 How much/many ~?, 기간을 물을 때는 How long ~?, 크기를 물어볼 때는 How big(small) ~? 등으로 쓸 수 있어요.

01	이번 비행으로 마일리지가 몇 포인트 쌓일까요?	**How many** points do I earn with this flight?
02	공항 가는 셔틀버스는 얼마나 자주 있나요?	**How often** does the shuttle bus go to the airport?
03	저건 얼마인가요?	**How much** is that?
04	다 해서 얼마인가요?	**How much** is it in total? in total 다 해서
05	박물관까지 얼마나 멀죠?	**How far** is it to the museum?
06	얼마나 걸릴까요?	**How long** does it take?
07	오늘은 얼마나 더울까요?	**How hot** will it be today?
08	벤티는 얼마나 큰 사이즈죠?	**How big** is Venti?

기내　공항　교통　호텔　길거리　식당　쇼핑　관광지　위급

길거리 상점에서

You: How much is it?　　　　　　　당신: 얼마예요?

Cashier: $2.99　　　　　　　　　　계산원: 2달러 99센트입니다.

09	얼마를 더 내야 하는 거죠?	How much more do I have to pay?
10	얼마나 기다려야 하죠?	How long should I wait?
11	한 박스에 초콜릿이 몇 개 있어요?	How many chocolates in a box?
12	중간 휴식 시간은 얼마나 길어요?	How long is the intermission?
13	강습 시간은 얼마인가요?	How long is the lesson?
14	트롤리를 타고 얼마나 걸리나요?	How long is the trolley ride?
15	한 명당 얼마인가요?	How much per person?
16	대기줄이 얼마나 긴가요?	How long is the waiting line?

Can you ~?

~해 주실 수 있나요?

부탁을 할 때 사용하는 대표적인 표현으로, Can you 다음에 여러분이 부탁하고 싶은 내용을 넣으면 돼요. 좀 더 공손하게 부탁을 하고 싶으면 Would you ~?나 Could you ~?를 사용할 수 있어요.

01	저하고 자리를 바꿔 주실 수 있나요?	**Can you** change seats with me?
02	소리 좀 줄여 주실래요?	**Would you** turn it down?
03	무인 발권기 사용법 좀 알려 주실래요?	**Can you** help me with the kiosk?
04	모마 미술관 근처에 가면 알려 주실래요?	**Would you** let me know when we approach MoMA?
05	금고를 어떻게 쓰는지 알려 주실 수 있나요?	**Can you** tell me how to use the safe?
06	수영장이 몇 시까지 하는지 알려 주실래요?	**Can you** tell me what time the swimming pool closes?
07	센트럴 파크 가는 길 좀 알려 주실래요?	**Can you** show me the way to Central Park?
08	여객선을 타려면 어디로 가야 하는지 알려 주실래요?	**Can you** tell me where to go to ride the ferry?

기내　공항　교통　호텔　길거리　식당　쇼핑　관광지　위급

가게에서

🧑 **You:** Can you give me a bigger bag?
당신: 좀 더 큰 봉투를 주실 수 있으세요?

🧑 **Salesperson:** Sure. Is this enough?
판매원: 네. 이거면 될까요?

09 🍽	이거 좀 더 익혀 주시겠어요?	Would you cook this a little bit more?
10 🍽	여기 와이파이 비밀번호 좀 알려 주시겠어요?	Can you tell me the password for your Wi-Fi?
11 🛒	이 책 좀 찾아 주실 수 있나요?	Would you find this book for me?
12 🛒	이거 어디서 입어 볼 수 있는지 알려 주실래요?	Can you tell me where I can try this on?
13 🛒	좀 더 저렴한 걸로 보여 주시겠어요?	Can you show me a cheaper one?
14 📷	어디에서 표를 사는지 알려 주실래요?	Can you tell me where to buy the ticket?
15 📷	할인해 주실 수 있나요?	Can you give me a discount?
16 🚨	이게 무슨 말인지 알려 주실 수 있나요?	Can you tell me what this means?

~ okay / fine / good

~가 괜찮아요, ~면 돼요

'그 정도면 괜찮다'는 느낌으로 자신의 만족도를 전달하고 싶을 때 사용하는 표현입니다. okay, fine, good 대신 excellent나 amazing을 사용하면 다소 호들갑스럽게 좋다는 느낌입니다. okay는 또한 '저는 됐습니다'와 같이 거절의 의사를 표현하고 싶을 때 사용할 수도 있고, 사고 등의 상황에서 '저는 괜찮아요'라고 말할 때도 쓸 수 있어요.

01	통로 쪽 자리여도 괜찮아요.	Aisle seat is okay.
02	일반 콜라도 괜찮아요.	Regular coke is fine.
03	여기 세워 주셔도 돼요.	Here is fine.
04	퀸 사이즈도 좋아요.	Queen size is okay.
05	좀 걷는 것도 괜찮아요.	Walking for a while is fine.
06	(안 먹는다는 의미로) 저는 됐어요.	I'm okay.
07	그거면 괜찮아요.	That's okay.
08	바도 괜찮아요.	The bar is okay.

기내 공항 교통 호텔 길거리 식당 쇼핑 관광지 위급

식당에서

Server: We don't have shrimp. But we have Fish and Chips.

서버: 새우는 없지만, 피시앤칩스가 있습니다.

You: Fish and chips is good.

당신: 피시앤칩스 좋아요.

09	주스면 다 괜찮아요.	Any kind of juice is fine.
10	한 시간이면 괜찮아요.	One hour is okay.
11	이거면 괜찮아요.	This is okay.
12	30달러면 괜찮아요.	30 dollars is okay.
13	빨간 것도 괜찮네요.	The red one is also good.
14	괜찮았어요.	It was good.
15	(안 다쳤다는 의미로) 저는 괜찮아요.	I'm okay.
16	타이레놀(두통약)도 괜찮아요.	Tylenol is fine.

Is it ~?

그게 ~인가요?, 그게 ~예요?

'그게 ~인가요?', '그게 ~예요?'라고 물어보고 싶을 때 사용하는 표현으로, 전치사 for와 함께
써서 Is it for ~?라고 하면 '~용인가요?'라는 의미입니다. 물건을 직접 들고 물어보거나 가까
운 위치에 있는 물건에 대해 물어볼 때는 Is it ~? 대신에 Is this ~?라고 해 주세요.

01	외국 여권 소지자 줄인가요?	**Is this** line for foreign passport holders?
02	이거 댈러스 가는 건가요?	**Is this for** Dallas?
03	이거 브루클린 브리지 가나요?	**Is this** going to the Brooklyn Bridge?
04	이 기차는 급행인가요?	**Is this** the express train?
05	수영장 아직 열려 있나요?	**Is the** swimming pool still open?
06	걸어갈 수 있는 거리인가요?	**Is it** within walking distance?
07	여기가 레이스 피자인가요?	**Is this** Ray's Pizza?
08	지금 특별 할인 시간인가요?	**Is it** Happy Hour now?

기내　공항　교통　호텔　길거리　식당　쇼핑　관광지　위급

가게에서

🧑 **You:** Is this also 50% off?

당신: 이것도 50% 세일인가요?

🧑 **Salesperson:** No, it's not on sale.

판매원: 아니요, 그건 할인 품목이 아니에요.

09	팁이 포함된 건가요?	Is the tip included?
10	여성용인가요?	Is it for women?
11	새 제품인가요?	Is this new?
12	중고 제품인가요?	Is it a used one?
13	이거 세일하는 건가요?	Is this on sale?
14	이것은 애플용인가요?	Is this for Apple?
15	어른도 할 수 있나요?	Is this also for adults?
16	이거 체한 데 좋은가요?	Is this good for indigestion?

I'm ~

전 ~입니다, 제가 ~합니다

I'm은 I am의 줄임말로, 자신에 대해서 설명할 때 사용하는 표현이에요. [아이 엠]이라고 발음하지 말고 [아임]으로 흘리듯 발음해 주세요. 과거형은 I was ~예요. '우리가 ~해요'라고 쓰고 싶으면 We're ~라고 해 주세요.

01	제 자리가 17C입니다.	I'm 17C.
02	혼자예요.	I'm alone.
03	결혼 안 했어요.	I'm not married.
04	제가 그의/그녀의 친구예요.	I'm his/her friend.
05	남자친구와 함께 왔어요.	I'm with my boyfriend.
06	한국에서 왔어요.	I'm from Korea.
07	전 관광객이에요.	I'm a visitor.
08	주문하려고요.	We're ready to order.

기내　공항　교통　호텔　길거리　식당　쇼핑　관광지　위급

공항에서

Immigration Officer: What do you do for a living in Korea?

출입국 심사관: 한국에서 무슨 일 하세요?

You: I'm a web designer.

당신: 웹 디자이너예요.

09	다 먹었어요.	I'm done.
10	아직 다 못 먹었어요.	I'm not done yet.
11	목이 말라요.	I'm thirsty.
12	저는 배가 안 고파요.	I'm not hungry.
13	저는 스몰 사이즈보다는 커요.	I'm bigger than small.
14	줄 서 있는 거예요.	I'm in line.
15	현기증이 나요.	I'm dizzy.
16	강도를 당했어요.	I was mugged.

That's what I ~

그게 제가 ~하는 겁니다

상대방이 말한 것에 대해서 동조해서 말하거나 덧붙여서 말할 때 자주 사용하는 표현이에요.
That's를 강하게 읽고 I 다음에 나오는 표현을 다시 강하게 읽어 주세요.

01	그거 제가 복용하는 거예요.	That's what I'm taking.
02	그것은 제가 한국에서 산 거예요.	That's what I bought in Korea.
03	그것은 제가 취소한 거예요.	That's what I cancelled.
04	제가 타야 하는 게 바로 그거예요.	That's what I need to take.
05	제 말이 그 말이에요.	That's what I'm saying.
06	제가 원하는 게 바로 그거예요.	That's what I want.
07	그게 제가 주문한 거예요.	That's what I ordered.
08	제가 그렇게 들었거든요.	That's what I heard.

기내　공항　교통　호텔　길거리　식당　쇼핑　관광지　위급

공항에서

Airline Agent: Do you need a small plastic bag?

You: That's what I need.

항공사 직원: 비닐봉지 작은 거 드릴까요?

당신: 제가 필요한 게 바로 그거예요.

09	제가 찾는 게 그거예요.	That's what I'm looking for.
10	그게 제가 가지고 있는 거예요.	That's what I have.
11	제가 쓰는 게 그거예요.	That's what I use.
12	그것은 제가 만든 거예요.	That's what I made.
13	제가 본 게 그거예요.	That's what I saw.
14	그게 우리가 어제 본 거예요.	That's what we watched yesterday.
15	그게 제가 말씀드린 거잖아요.	That's what I said.
16	전 그렇게 생각해요.	That's what I think.

53

It's my first time to ~

처음 ~해 봅니다

어떤 것을 해 보는 것이 처음이라고 말하고 싶을 때는 It's my first time to ~를 써 주세요. 식당에서 주문을 하거나, 어떤 물건을 이용하고 싶은데 잘 모를 경우 이 표현을 사용하면 친절하게 안내를 받을 수 있어요. first time을 강조해서 읽어 주세요.

01	해외여행이 처음이에요.	It's my first time to go abroad.
02	미국에는 처음 와 봅니다.	It's my first time to visit America.
03	미국에서 자동차를 처음 빌려 봐요.	It's my first time to rent a car in America.
04	메트로 카드를 처음 써 봐요.	It's my first time to use the Metro Card.
05	승차권 발매기를 처음 사용해 봅니다.	It's my first time to use the ticket machine.
06	뉴욕에서 버스는 처음 타 봐요.	It's my first time to ride a bus in New York.
07	이 호텔엔 처음 와 봐요.	It's my first time to stay in this hotel.
08	여기서 식사는 처음 해 봅니다.	It's my first time to eat here.

기내 　공항 　교통 　호텔 　길거리 　식당 　쇼핑 　관광지 　위급

입국 심사장에서

👤 **Immigration Officer:** Have you visited New York before?

출입국 심사관: 뉴욕에 오신 적이 있나요?

👤 **You:** No, it's my first time to visit New York.

당신: 아뇨. 뉴욕은 처음 와 봅니다.

09	랍스터 롤을 먹어 보는 건 처음이네요.	It's my first time to have a lobster roll.
10	양고기는 처음 먹어 봐요.	It's my first time to eat lamb.
11	이 브랜드는 처음 구입해 봅니다.	It's my first time to buy this brand.
12	여기는 처음이에요.	It's my first time to be here.
13	물품 보관함을 처음 사용해 봅니다.	It's my first time to use the locker.
14	말은 처음 타 봐요.	It's my first time to ride a horse.
15	스키는 처음 타는 거예요.	It's my first time to ski.
16	이렇게 멀미가 나는 건 처음이에요.	It's my first time to have motion sickness like this.

55

I'm trying to ~

~하려고 하는데요

몇 번 해 봤는데 마음먹은 대로 잘 안 돼서 도움을 요청할 경우 I'm trying to ~를 활용해서 상황을 설명해 주세요. 뒤에 but I can't 혹은 but it doesn't work와 같은 표현으로 마무리하면 도움 요청을 자연스럽게 할 수 있어요.

01	윗선반을 닫으려고 하는데요.	I'm trying to close the overhead compartment.
02	안전벨트를 매려고 하는데요.	I'm trying to fasten my seatbelt.
03	무인 발권기로 체크인을 하려고 하는데요.	I'm trying to check in using the kiosk.
04	승차권 발매기를 사용하려고 하는데요.	I'm trying to use the ticket machine.
05	방 온도를 조절하려고 하는데요.	I'm trying to change the room temperature.
06	에어컨을 끄려고 하는데요.	I'm trying to turn the AC off.
07	금고 문을 닫으려고 하는데요.	I'm trying to close the safe.
08	창문을 열려고 하는데요.	I'm trying to open the window.

기내 공항 교통 호텔 길거리 식당 쇼핑 관광지 위급

길거리에서

You: I'm trying to use this parking meter but I don't know how.

Passerby: Okay. Let me see.

당신: 주차 요금 징수기를 쓰려고 하는데요, 어떻게 하는지 모르겠어요.

행인: 알겠어요. 한번 봅시다.

09	프린터 사용법을 파악하려고 하는데요.	I'm trying to figure out how to use the printer.
10	가방을 물품 보관함에 보관하려고 하는데요.	I'm trying to lock up my bag.
11	이게 무엇인지 알아내려고 하는데요.	I'm trying to figure out what this is.
12	핸드폰을 충전하려고 하는데요.	I'm trying to charge my phone.
13	지도에서 우리가 어디에 있는지 파악하려고 하는데요.	I'm trying to figure out where we are on the map.
14	괜찮은 한국 식당을 찾고 있는데요.	I'm trying to find a good Korean restaurant.
15	잠을 좀 자보려고 하는데요.	I'm trying to sleep.
16	한국으로 전화를 하려고 하는데요.	I'm trying to make a call to Korea.

57

Do you know ~?

~를 아시나요?

길을 물어보거나 특정한 정보를 얻고 싶을 때 사용하는 표현이에요. 앞에 Excuse me.라고 하면서 상대의 관심을 얻은 후 Do you know ~?라고 물어보면 좀 더 공손한 어감을 전달할 수 있어요.

01	몇 시에 도착하는지 아시나요?	Do you know what time we land?
02	이 칸에는 뭘 쓰는지 아시나요?	Do you know what to write in this section?
03	이걸 기내에 들고 타도 되는지 아시나요?	Do you know if I can take this on the plane?
04	마지막 버스가 몇 시에 오는지 아세요?	Do you know what time the last bus arrives?
05	이 기차가 몇 시에 보스턴에 도착하는지 아세요?	Do you know our ETA to Boston? ETA(Estimated Time of Arrival) 예상도착시간
06	다음 버스가 언제 오는지 아세요?	Do you know when the next bus comes?
07	쿠퍼스 비치 가는 버스를 어디에서 타는지 아시나요?	Do you know where I can catch a bus to Coopers Beach?
08	택시 타는 곳이 어디인지 아시나요?	Do you know where the taxi stand is?

기내   공항   교통   호텔   길거리   식당   쇼핑   관광지   위급

길거리에서

You: Excuse me, **do you know** where we can buy ferry tickets?

Passerby: There is a ticket counter at the end of this block.

당신: 저기요, 여객선 승차권을 어디서 사는지 아시나요?

행인: 이 길 끝에 티켓 파는 곳이 있어요.

09	*(사진을 보여 주며)* 이 식당이 어디 있는지 아세요?	**Do you know** where this restaurant is?
10	손 씻을 수 있는 곳이 어딘지 아시나요?	**Do you know** where I can wash my hands?
11	블루 보틀 커피가 어디에 있는지 아세요?	**Do you know** where *Blue Bottle Coffee* is?
12	*(사진을 보여 주며)* 이게 뭔지 혹시 아시겠어요?	**Do you know** what this is?
13	근처에 빵집이 있을까요?	**Do you know** any bakery nearby?
14	엽서 살 만한 곳이 어디인지 아세요?	**Do you know** where I can buy postcards?
15	근처에 약국이 있을까요?	**Do you know** any pharmacy nearby?
16	분실물 취급소가 어디인지 아세요?	**Do you know** where the Lost and Found is?

Should I ~?

~해야 할까요?

어떤 일을 해야 할지 말아야 할지 판단이 서지 않을 때는 Should I ~? 패턴을 이용해서 상대의 조언을 구할 수 있어요. [슈드 아이]가 아니라 [슈라이]처럼 연음해서 발음하는 게 좋아요. 미리미리 물어보면 더 편안한 여행을 즐길 수 있어요.

01	물건 몇 가지를 가방에서 빼야 할까요?	Should I take some stuff out of my bag?
02	이것을 지퍼백에 넣어야 할까요?	Should I put this in a Ziploc bag?
03	서류를 다시 작성해야 하나요?	Should I fill out the form again?
04	차를 반납하기 전에 기름을 가득 채워야 하나요?	Should I fill it up before returning it?
05	왕복 티켓을 끊어야 하나요?	Should I buy the round-trip ticket?
06	5번가에 가려면 이 버스를 타야 되나요?	Should I take this bus to go to 5th Avenue?
07	수영 모자를 써야 하나요?	Should I wear a swim cap?
08	택시를 타야 할까요?	Should I take a taxi?

기내　공항　교통　호텔　길거리　식당　쇼핑　관광지　위급

식당에서

You: Should I wear pants?

Receptionist: Yes. You are not allowed to wear shorts in this restaurant.

당신: 긴바지를 입어야 하나요?

안내 직원: 네. 저희 식당에서는 반바지 복장은 안 됩니다.

09	예약을 해야 하나요?	Should I make a reservation?
10	정장을 입어야 하나요?	Should I wear a suit and tie?
11	여기서 기다려야 하나요?	Should I wait here?
12	술을 사려면 신분증을 보여 줘야 하나요?	Should I show my ID to buy liquor?
13	입장권을 미리 사야 하나요?	Should I buy the ticket in advance?
14	타워에 가려면 케이블카를 타야 되나요?	Should I take the cable car to go to the tower?
15	섬에 가려면 여객선을 타야 하나요?	Should I take a ferry to go to the island?
16	가방을 물품 보관함에 보관해야 하나요?	Should I keep my bag in the locker?

a little bit / too ~

좀 / 너무 ~하네요

'좀 ~하네요'라는 말을 할 때가 있죠? 영어에서 '약간', '좀'에 해당하는 표현이 a little bit이에요. 이와 비슷하게 kind of도 자주 쓰는데, 회화에서는 kinda[카인더]로 줄여서 발음해요. 반대로 '너무 ~하네요'라고 뭔가 지나치게 넘치는 상황을 강조할 때는 too ~를 붙여 주세요.

01	차 안이 좀 답답하네요.	It's a little bit stuffy in the car.
02	방이 좀 작아요.	The room is a little bit small.
03	방이 너무 추워요.	It's too cold in the room.
04	이 지도는 보기가 좀 어렵네요.	This map is kinda hard to read.
05	좀 덜 익었어요.	It's a little bit undercooked.
06	양이 너무 많아요.	It's too much.
07	좀 비싸네요.	It's a little bit pricy.
08	너무 비싸요.	It's too pricy.

기내 공항 교통 호텔 길거리 식당 쇼핑 관광지 위급

옷가게에서

Salesperson: How is it?

You: It's a little bit small.

판매원: 어떠세요?

당신: 좀 작네요.

09	제 머리에 너무 커요.	It's too big on my head.
10	허리가 좀 커요.	It's a little bit big around my waist.
11	허리 부분이 좀 타이트해요.	It's a little bit tight around my waist.
12	그건 너무 빨라요.	That's too soon.
13	그건 너무 늦어요.	That's too late.
14	줄이 너무 길어요.	The line is too long.
15	물이 너무 차가워요.	The water is too cold.
16	좀 어지러워요.	I feel a little bit dizzy.

Thank you for ~

~해 주셔서 감사합니다

해외에서는 물건을 살 때도, 엘리베이터를 잡아 줘도, 호텔 체크인을 할 때도 습관처럼 끝에
Thank you를 붙이는 게 좋아요. '~해 주셔서 고마워요'라고 감사한 이유를 구체적으로 말하
고 싶을 때는 for를 쓰고 그 뒤에 명사나 동명사를 쓰도록 하세요.

01	펜 빌려 주셔서 감사합니다.	Thank you for the pen.
02	업그레이드해 주셔서 감사해요.	Thank you for the upgrade.
03	신문 읽게 해 주셔서 감사합니다.	Thank you for the newspaper.
04	자리를 바꿔 주셔서 감사합니다.	Thank you for changing seats.
05	태워 주셔서 감사합니다.	Thank you for the ride.
06	친절하게 대해 주셔서 감사합니다.	Thank you for your kindness.
07	컴퓨터 쓰게 해 주셔서 감사합니다.	Thank you for the computer.
08	쿠키 잘 먹었어요.	Thank you for the cookie.

기내 공항 교통 호텔 길거리 식당 쇼핑 관광지 위급

버스 안에서

Bus Driver: You should get off at the next stop.
You: Thank you for letting me know.

버스 기사: 다음 정류장에서 내리셔야 해요.
당신: 알려 주셔서 감사합니다.

09	정말 감사해요.	Thank you so much.
10	핸드폰을 쓰게 해 주셔서 정말 감사해요.	Thank you so much for the cell phone.
11	기다려 주셔서 감사해요.	Thank you for waiting.
12	정말 맛있는 음식 감사합니다.	Thank you for the wonderful food.
13	리필해 주셔서 감사합니다.	Thank you for the refill.
14	할인해 주셔서 감사합니다.	Thank you for the discount.
15	저희와 사진 같이 찍어 주셔서 감사해요.	Thank you for taking a picture with us.
16	도와주셔서 감사합니다.	Thank you for your help.

~ sir / ma'am

상대를 공손하게 부르는 말

문장 맨 앞이나 끝에 남자라면 sir, 여자면 ma'am을 붙이면 상대를 높이면서 공손한 태도를 보일 수 있어요. 또한 잘 모르는 사람을 부를 때 Hey라고 하면 기분이 나쁘게 생각할 수도 있으니, Sir 혹은 Ma'am이라고 부르고 용건을 말하면 좋아요.

01	(여자에게) 정말 감사해요.	Thank you so much, ma'am.
02	(남자에게) 화장실 기다리시는 건가요?	Sir, are you waiting for the restroom?
03	(남자에게) 저기요, 자리를 발로 차지 말아 주시겠어요?	Sir, would you stop kicking my seat?
04	(여자에게) 네, 그렇습니다.	Yes, ma'am.
05	(여자에게) 안녕히 계세요.	Goodbye, ma'am.
06	(남자에게) 저기요, 여기 제 자리인데요.	Sir, this is my seat.
07	(남자에게) 저기요.	Excuse me, sir.
08	(남자에게) 먼저 나가세요.	After you, sir.

기내　공항　교통　호텔　길거리　식당　쇼핑　관광지　위급

엘리베이터를 기다려 준 남자에게

👤 **You:** Thank you, sir.

👤 **Man:** My pleasure.

당신: 감사합니다.

남자: 천만에요.

09	*(남자에게)* 저기요! 장갑 떨어뜨리셨어요.	Sir! You dropped your glove.
10	*(여자에게)* 저기요, 조심하세요!	Ma'am! Watch out!
11	*(여자에게)* 괜찮아요.	I'm okay, ma'am.
12	*(남자에게)* 도와주셔서 감사합니다.	Thank you for your help, sir.
13	*(여자에게)* 저기요, 그거 제 커피예요.	Ma'am, that's my coffee.
14	*(여자에게)* 줄을 서세요.	Ma'am, you should get in line.
15	*(남자에게)* 잠시만요.	Wait a minute, sir.
16	*(여자에게)* 정말 죄송합니다.	I'm so sorry, ma'am.

Which one ~?

어느 것이 ~인가요?

여러 가지 중에 하나를 선택하거나 어느 것이 더 나은지 물어보고 싶을 때 쓰는 표현이에요. one 대신에 구체적인 명사를 써서 Which shirt(어느 셔츠), Which size(어떤 사이즈), Which bus(어떤 버스)처럼 물어봐도 좋아요.

01	어떤 게 볼륨 버튼인가요?	Which button is for volume?
02	어느 손을 먼저 대야 합니까?	Which hand should I put first?
03	어떤 버스가 소호로 가나요?	Which bus is going to Soho?
04	어느 게 더 빨리 가나요?	Which one goes faster?
05	몇 호선을 타야 하나요?	Which line should I take?
06	어느 게 무료인가요?	Which one is complimentary?
07	어떤 게 양이 더 많나요?	Which one has a bigger portion?
08	두 명이 먹을 거면 어느 게 더 좋을까요?	Which one is better for two people?

기내 공항 교통 호텔 길거리 식당 쇼핑 관광지 위급

가게에서

You: Which one is 50% off?

Salesperson: The one with a red sticker.

당신: 어느 게 50퍼센트 할인인가요?

판매원: 빨간 스티커가 붙은 겁니다.

09	어느 게 카푸치노죠?	Which one is cappuccino?
10	어느 게 더 싼가요?	Which one is cheaper?
11	어느 게 제일 인기 있나요?	Which one is the most popular?
12	어느 게 아이폰용이죠?	Which one is for iPhone?
13	어느 게 센트럴 파크 지도죠?	Which one is the map of Central Park?
14	어느 쪽으로 나가야 되죠?	Which way should I leave?
15	어떤 버튼을 눌러야 하죠?	Which button should I press?
16	어느 게 외국인용인가요?	Which one is for foreigners?

What time ~?

몇 시에 ~하나요?

시간에 관해서 물어볼 때 사용하는 표현이에요. 보통 What time do you ~?의 패턴을 자주 쓰는데, 이때 you는 '당신'이라는 뜻도 있지만 당신의 가게나 버스 등 그 사람이 속해 있는 곳 자체를 의미하기도 해요.

01	몇 시에 착륙하나요?	What time do we land?
02	탑승구에 몇 시까지 도착해야 되나요?	What time should I be at the gate?
03	몇 시까지 다시 와야 되나요?	What time should I be here again?
04	몇 시에 차를 반납해야 하나요?	What time should I return the car?
05	몇 시에 출발하나요?	What time do you leave?
06	몇 시가 첫차인가요?	What time is the earliest bus?
07	몇 시가 막차인가요?	What time is the last bus?
08	수영장은 몇 시까지 하나요?	What time does the pool close?

기내 공항 교통 호텔 길거리 식당 쇼핑 관광지 위급

식당에서

😀 **You:** What time do you open?

당신: 몇 시에 여시나요?

🚂 **Receptionist:** At 11:30.

안내 직원: 11시 30분이요.

09	몇 시에 체크아웃을 해야 되나요?	What time should I check out?
10	몇 시에 체크인할 수 있나요?	What time can I check in?
11	몇 시까지 가야 하죠?	What time should I be there?
12	몇 시에 닫으세요?	What time do you close?
13	몇 시에 다시 올까요?	What time should I be back?
14	다음 공연은 몇 시인가요?	What time is the next show?
15	백화점은 몇 시에 여나요?	What time does the department store open?
16	점심시간은 몇 시인가요?	What time is your lunch break?

I think ~

~인 것 같아요

100% 확신에 차서 강하게 말하는 게 아니라 '제 생각엔 ~인 것 같아요'라고 조심스럽게 자신의 추측이나 의견을 말할 때 사용하는 표현이에요. I think 다음에 '주어 + 동사' 형태의 문장을 붙여 주세요.

01	누가 화장실에서 담배를 피우는 것 같아요.	I think someone's smoking in the restroom.
02	제 가방을 가져가신 것 같아요.	I think you took my bag.
03	제 친구가 서류를 가지고 있는 것 같아요.	I think my friend has the paperwork.
04	차에 문제가 있는 것 같아요.	I think something's wrong with the car.
05	여기서 내려야 할 것 같아요.	I think I should get off here.
06	트윈 룸을 예약한 것 같은데요.	I think I made a reservation for a twin room.
07	프린터에 종이가 없는 것 같아요.	I think there's no paper in the printer.
08	제가 좀 늦을 것 같아요.	I think I'm going to be late.

기내　공항　교통　호텔　길거리　식당　쇼핑　관광지　위급

기내에서

You: I think you are in my seat.
당신: 제 자리에 앉으신 것 같은데요.

Man: What's your number?
남자: 번호가 몇 번이세요?

09	건물을 잘못 찾아온 것 같아요.	I think I'm in the wrong building.
10	이거 상한 것 같아요.	I think this went bad.
11	저희 주문해도 될 것 같아요.	I think we're ready to order.
12	실수로 두 번 계산하신 것 같아요.	I think you charged me twice by mistake.
13	신용카드를 안 받은 것 같아요.	I think I didn't get my credit card.
14	거스름돈을 잘못 받은 것 같아요.	I think I didn't get the correct change.
15	저 남자가 저를 따라오는 것 같아요.	I think that guy is following me.
16	누가 제 핸드폰을 가져간 것 같아요.	I think someone took my cell phone.

~ doesn't work

~가 안 돼요

동사 work는 '일하다'란 의미 외에도 '(기계 등이) 작동하다'라는 뜻이 있어요. 그래서
~ doesn't work 하면 원래 작동을 해야 하는 기계가 제대로 작동하지 않을 때 '~가 안돼요'라
는 의미의 표현이에요.

01	리모컨이 안 돼요.	The remote control doesn't work.
02	헤드셋이 안 돼요.	The headset doesn't work.
03	무인 발급기가 안 돼요.	The kiosk doesn't work.
04	승차권 발매기가 안 돼요.	The ticket machine doesn't work.
05	내비게이션이 작동을 안 하네요.	The GPS doesn't work.
06	자동문이 안 돼요.	The automated door doesn't work.
07	세탁기가 안 돼요.	The laundry machine doesn't work.
08	빨래 건조기가 안 돼요.	The dryer doesn't work.

기내 공항 교통 호텔 길거리 식당 쇼핑 관광지 위급

호텔에서

You: I think the Internet **doesn't work.**
당신: 인터넷이 안 되는 것 같아요.

Hotel clerk: Let me check.
호텔 직원: 확인해 보겠습니다.

09	키 카드가 안 되는 것 같아요.	I think the key card **doesn't work.**
10	공중전화가 안 되네요.	The public phone **doesn't work.**
11	와이파이가 안 돼요.	The Wi-Fi **doesn't work.**
12	가격 확인 스캐너가 안 돼요.	The price tag scanner **doesn't work.**
13	안전벨트가 안 돼요.	The seatbelt **doesn't work.**
14	자판기가 안 돼요.	The vending machine **doesn't work.**
15	오디오 가이드가 안 돼요.	The audio guide **doesn't work.**
16	제 핸드폰이 안 돼요.	My cell phone **doesn't work.**

PART 2

실전에서는
이렇게 쓰자!
현실 대화 45

기내 자리에 앉기

Do 어쩔 수 없이 남보다 먼저 가야 하는 경우에는 Excuse me.라고 하세요.
타인과 조금이라도 신체적인 접촉이 있다면 바로 I'm sorry!라고 하세요.
필기도구, 책 한두 권은 미리 꺼내 놓으세요.

Don't 무작정 사람들을 밀면서 서둘러 자리에 앉을 필요 없어요. 앞 사람이 먼저 앉을 때까지 기다려 주세요.

현지에서 당신이 듣는 말 🎧》	현지에서 당신이 하는 말 👄⟨
	Start ❶ Excuse me. (지나가면서 하는 말) 죄송합니다.
❸ That's okay. 괜찮아요.	❷ I'm sorry. (신체적인 접촉이 있을 때) 미안해요.
...	
❷ Am I? What's your number? 그래요? 번호가 어떻게 되시는데요?	Start ❶ I think you're sitting in my seat. 제 자리에 앉으신 것 같은데요.
❹ Oh, I'm sorry. I'm 17B, the aisle seat. 아, 죄송합니다. 제가 17B군요. 통로 쪽 자리네요.	❸ I'm 17A. It's the window seat. 제가 17A입니다. 창가 자리요.
...	
❷ Where's your seat? 자리가 어디예요?	Start ❶ Do you mind changing seats with me? 자리 좀 바꿔 주실 수 있나요?
❹ Okay. 그렇게 할게요.	❸ It's 17C, the aisle seat. 17C 통로 쪽 자리예요.
	❺ Thank you so much. 정말 감사합니다.

sit in one's seat ~의 좌석에 앉다 / window seat 창가 좌석 / aisle seat 통로 쪽 좌석 / change seats 자리를 바꾸다

기내식 및 기타 서비스

Do   먹을 것을 미리 생각해 두세요.
식사를 요청할 때 끝에 please를 붙여 주세요.
기내식을 받은 뒤 Thank you.는 잊지 말아야겠죠?

Don't   승무원에게 너무 많은 것을 요구하지 마세요. 기내는 식당이 아니에요.

현지에서 당신이 **듣는 말**	현지에서 당신이 **하는 말**

Start ❶ Hot towel?
따뜻한 물수건 드릴까요?

❷ Yes, please.
네.

···

Start ❶ What would you like to drink?
마실 것은 뭘로 드릴까요?

❷ Do you have Diet Coke?
다이어트 콜라 있나요?

❸ Sorry. We only have regular coke.
죄송해요. 일반 콜라밖에 없습니다.

❹ Then I'll have regular coke.
그럼 일반 콜라로 할게요.

❺ With ice?
얼음을 넣어 드릴까요?

❻ Yes, please.
네.

···

Start ❶ Chicken or beef?
닭 요리로 드릴까요, 소고기 요리로 드릴까요?

❷ I'd like chicken, please.
닭 요리로 할게요.

❸ Here it is.
여기 있습니다.

❹ Thank you.
감사합니다.

···

Start ❶ Coffee?
커피 드릴까요?

❷ Yes, please.
네.

❸ Sugar or milk?
설탕이나 우유 드릴까요?

❹ That's okay.
괜찮습니다.

hot towel 따뜻한 물수건 / Diet Coke 다이어트 콜라 / regular 일반적인, 보통의

옆 사람과 이야기하기

Do   자연스러운 상황에서 대화를 시도해 보세요.

Don't   결혼 유무, 나이는 절대 물어보지 마세요.
자신의 여행에 대해 너무 자세한 정보는 제공하지 마세요.

현지에서 당신이 **듣는 말** 👂🏽	현지에서 당신이 **하는 말** 👄
❷ Sure. 네	Start ❶ Excuse me, ma'am. May I borrow your pen? 저기요, 펜 좀 빌릴 수 있을까요?
❹ I think it's AA103. It's on your ticket. AA103인 것 같아요. 표에도 적혀 있어요.	❸ Ma'am, do you know the flight number? 혹시 항공편 번호를 아세요?
	❺ Oh, right. Thank you. 아, 그렇네요. 감사합니다.

...

❷ You're welcome. 천만에요.	Start ❶ Thank you for the pen. 펜 감사합니다.
❹ Actually, I'm going to Boston. You? 실은 보스턴에 가요. 당신은요?	❸ So, are you going to Dallas? 댈러스에 가세요?
❻ For vacation? 휴가로요?	❺ I'm going to Florida. It's my first time to go there. 저는 플로리다에 가요. 거기 처음 가는 거예요.
❽ I lived in Miami for 20 years. It's a nice place for a vacation. 저는 마이애미에서 20년을 살았어요. 휴가로는 아주 좋은 곳이에요.	❼ Yes. 네.

borrow 빌리다 / flight number 항공편 번호, 편명 / vacation 휴가

기내 기타 상황

Do 가방을 넣을 공간이 없다면 승무원의 도움을 청하세요.

Don't 승무원은 여러분의 하인이 아니에요. 명령조로 말하거나 무례한 부탁을 하지 마세요.

현지에서 당신이 듣는 말 🎧»	현지에서 당신이 하는 말 👄

Start ❶ Ma'am. Is there anywhere I can put my bag? This is full.
저기요, 가방을 둘 만한 곳이 있을까요? 여기는 다 찼어요.

❷ Okay. Let me check.
알아보도록 하겠습니다.

Bring your bag here. There's plenty of space.
가방 이쪽으로 가져오세요. 공간이 넉넉해요.

❸ Thank you.
감사합니다.

...

Start ❶ Excuse me. Do you mind putting your seat back up while I'm eating?
죄송한데요. 제가 식사할 때는 자리 좀 똑바로 올려 주시겠어요?

❷ Oh, I'm sorry. Is this enough?
아, 죄송합니다. 이러면 될까요?

❸ Yes, that's nice. Thank you.
네, 좋아요. 감사합니다.

...

Start ❶ Sir, are you waiting for the restroom?
저기요, 화장실 쓰려고 기다리시는 건가요?

❷ Yes, I am.
네.

...

❷ We have an empty seat in the back. If you want, you can move there. 뒤에 빈자리가 있는데 원하시면 그쪽으로 옮기셔도 돼요.

Start ❶ Excuse me, ma'am, this screen doesn't work.
저기요, 이 화면이 작동이 안 되네요.

❸ That's great. Thank you.
좋아요. 감사합니다.

put one's seat back up 자리를 똑바로 하다 / full 가득 찬 / plenty of 많은 / space 공간 / restroom 화장실 / empty seat 빈자리

입국 심사 1

Do   여권, 비자, 귀국 항공권 등은 미리 꺼내 두세요.
필요한 정보만 짧게 말해도 돼요.
입국 심사에서 물어볼 만한 질문에 대답하는 연습을 미리 해 두세요.

Don't   심사관의 차갑고 냉담한 태도에 당황하지 마세요.

현지에서 당신이 **듣는 말** 🎧	현지에서 당신이 **하는 말** 👄
Start ❶ May I see your passport? 여권을 보여 주시겠어요?	❷ Here it is. 여기 있습니다.
❸ Where are you coming from? 어디서 오시는 건가요?	❹ I'm coming from Incheon, Korea. 한국 인천에서 출발했습니다.
❺ What's the purpose of your visit? 방문 목적이 뭔가요?	❻ Sightseeing, sir. 관광입니다.
❼ Where exactly are you going? 정확히 어디로 가시는 거죠?	❽ I'm going to New York and Boston. 뉴욕과 보스턴에 갑니다.
❾ Where are you staying in New York? 뉴욕에서는 어디에서 묵으실 건가요?	❿ I'm staying in a hotel. I already made a reservation. 호텔에 묵으려고 합니다. 예약을 이미 했습니다.
⓫ How long are you going to stay? 얼마 동안 머무를 예정입니까?	⓬ For two weeks. 2주 동안 있을 겁니다.
⓭ Have you been to the United States before? 이전에 미국 오신 적이 있나요?	⓮ No. It's my first time to visit. 아니요. 처음 오는 겁니다.

passport 여권 / purpose of visit 방문 목적 / sightseeing 관광 / exactly 정확히 / make a reservation 예약하다

입국 심사 2

Do 질문을 이해하지 못했다면 Excuse me? 혹은 I'm sorry?라고 하면서 다시 말해 달라고 하세요.

Don't 여러분이 예상하는 질문이 아닌 돌발 질문을 하는 경우도 종종 있어요. 당황하지 말고 솔직하게 대답하도록 하세요.

현지에서 당신이 듣는 말 👂	현지에서 당신이 하는 말 👄
Start ❶ Are you traveling alone? 혼자 여행합니까?	❷ No. I'm traveling with my friend. She's right behind me. 아니요. 친구와 함께 여행해요. 그녀는 바로 뒤에 있어요.
❸ What do you do for a living in Korea? 한국에서 무슨 일을 하십니까?	❹ I'm sorry? I didn't hear what you said. 다시 말씀해 주시겠어요? 무슨 말씀인지 못 들었어요.
❺ What's your job in Korea? 한국에서 직업이 무엇인가요?	❻ I'm a web designer. 웹 디자이너예요.
❼ Are you married? 결혼하셨나요?	❽ No, I'm single. 아니요, 미혼입니다.
❾ Do you have anything to declare? 세관 신고할 것이 있습니까?	❿ No, I don't. 아니요, 없습니다.

···

Start ❶ Place your fingers... Good. Look into the camera. 손가락을 대세요. 좋아요. 카메라를 보세요. Welcome to the U.S. Enjoy your trip. 미국에 오신 것을 환영합니다. 즐거운 여행 하세요.	❷ Thank you. Have a good one, sir. 감사합니다. 좋은 하루 보내세요.

alone 혼자 / I'm sorry? 다시 말씀해 주시겠어요? / single 미혼인 / declare 세관 신고하다 / place 놓다

비행기 체크인

Do 여권과 예매 항공권을 미리 준비해 주세요.
비행기를 환승하는 경우 짐을 다시 찾아야 하는지 물어보는 것도 좋아요.
수하물 무게를 초과할 경우 돈을 내야 할 수도 있으니 미리 항공사의 규정을 숙지하도록 하세요.

현지에서 당신이 **듣는 말** 🗣	현지에서 당신이 **하는 말** 👄

Start ❶ Hello, Sir. May I see your passport?
고객님, 안녕하세요. 여권을 보여 주시겠어요?

❷ Here it is. And this is my e-ticket.
여기 있습니다. 그리고 여기 전자 항공권도 있어요.

❸ Thank you. So... you're flying to Incheon?
감사합니다. 인천에 가시는 거죠?

❹ That's correct. And I'm stopping over in Dallas.
맞아요. 그리고 댈러스에서 경유합니다.

❺ Right. How many bags do you have?
네. 가방은 몇 개인가요?

❻ I have two bags.
두 개입니다.

❼ Which one are you checking in?
어떤 가방을 부치실 건가요?

❽ This one. Can I bring this bag as a carry-on?
이거요. 이 가방은 기내에 가지고 타도 되죠?

❾ Yes, you can. Would you place your bag here?
네, 됩니다. 여기에 가방을 올려놓으시겠어요?

⓫ You don't need to. It'll go straight to Incheon.
그럴 필요 없습니다. 인천으로 바로 갑니다.

❿ Should I pick up my bag in Dallas?
댈러스에서 가방을 찾아야 하나요?

⓬ That's good.
좋네요.

check in the bag 가방을 수하물로 보내다 / carry-on 비행기에 들고 타는 가방 / pick up (가방 등을) 찾다

비행기 셀프 체크인

Do 탑승 수속을 돕는 직원이 없이 셀프 체크인으로만 수속을 해야 하는 항공사들도 있어요.
국제선의 경우 여권을 셀프 체크인 기계에 인식시켜야 해요. 나머지는 국내선, 국제선 모두 동일합니다.

화면에 등장하는 영어 👁

Let's find your itinerary using one of the options below.
아래 중 하나를 선택하여 일정을 확인하세요.

SkyMiles Number 스카이마일즈 회원번호	Ticket Number 표 번호	Scan printed itinerary 인쇄된 일정표에 있는 바코드를 스캔하세요.	Insert credit card (예약에 사용한) 신용카드를 넣으세요.

Please approve or make changes to your itinerary.
일정을 승인하거나 변경하세요.

Print Boarding Pass 탑승권 인쇄하기	Check bags 가방을 수하물로 보내기	Want to make any changes? 변경하시겠습니까?

Your boarding passes are printing.
탑승권이 출력되고 있습니다.

Thank you. You've finished checking in. Enjoy your flight.
감사합니다. 체크인이 완료되었습니다. 즐거운 여행 하세요.

Gate W21 탑승구 번호 W21 Boarding Time 10:25 AM 탑승시간 오전 10시 25분	Retrieve your boarding passes below. 아래에서 탑승권을 가져가세요.

Select the number of bags each passenger is checking.
수하물로 부치는 짐의 개수를 선택하세요.

Bring checked bags to the baggage drop.
부치는 짐을 가방 보관하는 곳으로 가지고 가세요.

Please swipe Jiyoung Park's passport below.
박지영 님 여권의 바코드를 아래에 읽혀 주세요.

itinerary 일정, 여행 일정표/ option 선택사항 / approve 승인하다 / make a change 변경하다 / check bags 짐을 수하물로 보내다 / retrieve 회수하다 / swipe 바코드를 읽히다

공항 검색대에서

Do 신발과 겉옷을 벗어서 검색대에 올려 두세요.
가방에서 노트북, 태블릿 PC 등의 전자기기를 꺼내서 바구니에 넣어 주세요.
티켓과 여권은 반드시 가지고 있으세요.

Don't 검색이 끝난 뒤 본인의 물건을 천천히 챙기도록 하세요. 의외로 물건을 두고 가는 사람들이 많아요.

현지에서 당신이 **듣는 말**	현지에서 당신이 **하는 말**

Start ❶ Do you have a laptop in your bag?
가방 안에 노트북이 있나요?

❷ I have a Tablet PC.
태블릿 PC가 한 대 있어요.

❸ Take it out and lay it flat in the basket.
꺼내서 바구니에 평평하게 놓으세요.

❹ Should I take off my watch?
시계도 벗어야 하나요?

❺ Yes, and your shoes.
네, 그리고 신발도요.

❻ Keep your boarding pass and passport with you.
탑승권과 여권은 가지고 있으세요.

❼ Walk through the detector.
검색대를 통과하세요.

...

Start ❶ Do you have anything in your pockets?
주머니에 뭔가 있나요?

❷ No. I think it's my belt.
아뇨. 벨트 때문에 소리가 나는 것 같아요.

❸ Okay. You're good to go now.
네. 이제 가셔도 됩니다.

laptop 노트북 컴퓨터 / take out 꺼내다 / lay flat 평평하게 놓다 / take off 벗다 ↔ put on 입다 / detector 검색대

공항에서 버스 타기

Do 운전 기사에게 행선지를 다시 한 번 확인하고 타세요.

Don't 여권, 귀중품이 들어 있는 가방은 선반이나 짐칸에 두지 마세요.

현지에서 당신이 **듣는 말** 🗣️	현지에서 당신이 **하는 말** 👄

❷ Yeap.
네.

Start ❶ Excuse me, sir. Do you go to Times Square?
저기요. 타임스 스퀘어 가나요?

❹ No. You should buy a ticket.
안 됩니다. 표를 사셔야 합니다.

❸ Can I pay cash?
현금으로 내도 되나요?

❻ There's a ticket counter right next to gate 8.
8번 게이트 바로 옆에 매표소가 있습니다.

❺ Where can I buy the ticket?
표는 어디서 살 수 있나요?

❼ What time do you leave?
몇 시에 출발하세요?

❽ Leaving in 5 minutes. You can catch the next one.
5분 뒤에 출발합니다. 다음 버스를 타세요.

❾ Okay. Thank you.
알겠습니다. 감사합니다.

···

❷ The luggage should be put under the bus.
짐은 버스 아래에 실어야 합니다.

Start ❶ Can I bring my luggage on the bus?
짐을 가지고 타도 되나요?

❹ Just grab a seat wherever you want.
아무 데나 앉고 싶은 곳에 앉으세요.

❸ Should I sit in a designated seat?
지정된 자리에 앉아야 합니까?

cash 현금 / ticket counter 매표소 / designated seat 지정석 / grab a seat 자리를 잡다

공항에서 택시 타기

Do 택시는 팁을 주셔야 해요. 운임의 20~30%가 가장 적절해요.
팁을 줄 잔돈이 없다면 잔돈이 있는지 물어보세요.

Don't 가급적 운전사 옆 좌석에 앉지 마세요.
운전사와 말을 많이 하지 않아도 되니까 긴장하지 마세요.

현지에서 당신이 **듣는 말** 👂»	현지에서 당신이 **하는 말** 👄<
❷ Yes, where are you going? 네. 어디 가시나요?	Start ❶ Is this the taxi stand? 여기가 택시 승차장인가요?
❹ Is this all you have? 짐이 이게 전부인가요?	❸ Hilton Hotel in Soho. 소호 힐튼 호텔이요.
	❺ That's right. 네.
…	
❷ I know where it is. 어디인지 압니다.	Start ❶ This is where I'm going. (스마트폰으로 호텔 주소를 보여 주며) 여기가 제가 가는 곳입니다.
…	
Start ❶ Here we are. $25.80 다 왔습니다. 25달러 80센트입니다.	❷ Do you have change for $50? 50달러 거슬러 주실 수 있나요?
❸ Sure. 물론이죠.	❹ Just give me 20. 20달러만 주세요.
❺ Thank you. Let me take out your bag. 감사합니다. 짐을 꺼내 드릴게요.	❻ Thank you. 감사합니다.

taxi stand 택시 타는 곳 / take out 꺼내다

지하철 표 사기

Do 승차권 발매기를 이용하세요. 바쁜 역에서는 직원이 친절하게 여러분의 표 구입을 도와주는 경우는 드물어요.

Don't 가방에 현금을 많이 넣고 다니지 마세요. 소매치기의 타깃이 되기 쉬워요.

승차권 발매기에 등장하는 영어 👁

Touch START to begin.
시작 버튼을 누르세요.

Please select MetroCard type.
지하철 카드 유형을 선택하세요.

Pay $7 Get 4 Rides	MetroCard	Single Ride valid for 2 hrs
7달러로 4회 이용	지하철 카드	1회 이용 (2시간 유효)

What amount do you want?
얼마짜리 카드를 원하시나요?

$10.00	$20.00	$40.00	other amounts
10달러	20달러	40달러	기타 가격

Please type in the amount you want and press ENTER.
가격을 입력하고 ENTER를 누르세요.

How do you want to pay?
지불 방법을 선택하세요.

Cash	ATM Card	Credit Card
현금	현금카드	신용카드

Insert bills face up.
지폐 앞면을 위로 하여 넣으세요.

Do you want a receipt?
영수증을 발급하시겠습니까?

Yes	No
네	아니요

---

ride (지하철 등을) 타기 / single 1회의 / valid 이용 가능한 / amount 금액 / type in 입력하다 / cash 현금 / ATM Card 현금카드 / insert 집어넣다 / bill 지폐 / face up 얼굴을 위로 하여, 앞면이 위로 오게 / receipt 영수증

시내에서 버스 타기

Do 요금을 내기 전에 버스 기사에게 행선지를 확인하세요.

Don't 버스 기사가 운전하는 곳에는 선이 그어져 있습니다. 그 선을 침범하지 말고 질문하세요.
가급적 뒷자리에 앉지 말고 버스 기사의 시선에서 벗어나지 않는 곳에 위치하는 게 좋아요.

현지에서 당신이 **듣는 말** 👂	현지에서 당신이 **하는 말** 👄
❷ Yes. Hop on. 네. 타세요.	Start ❶ Do you go to Times Square? 타임스 스퀘어 가나요?
❷ It's 21st Street. 21번가입니다.	Start ❶ Excuse me, sir. What's this stop? 저기요. 여기가 무슨 정류장이죠?
❹ Almost there. 거의 다 와 갑니다.	❸ Are we getting close to Times Square? 타임스 스퀘어에 다 와 가나요?
❻ Okay. 네.	❺ Would you tell me when we get to Times Square? 타임스 스퀘어에 도착하면 말씀해 주시겠어요?
Start ❶ Next stop is Times Square. 다음 정거장이 타임스 스퀘어입니다.	❷ Thank you so much. 감사합니다.

hop on (차 등을) 타다 / stop 정류장 / get to ~에 도착하다

자동차 렌트하기 1

Do 렌터카는 인터넷으로 미리 예약해 두는 게 좋아요.
예약시 사용한 신용카드로 결제해야 하는 경우도 많으니 동일한 카드를 준비해 주세요.

현지에서 당신이 듣는 말))

❷ **Do you have** your reservation number?
예약 번호 있으세요?

❹ **May I** see your driver's license?
운전 면허증을 보여 주시겠어요?

❻ **That's** good. Thank you. **May I** see the credit card you made the reservation under?
좋아요. 감사합니다. 예약할 때 사용하신 신용카드 주시겠어요?

❽ **Do you have** a local address and phone number while you're traveling in the US?
미국에 체류하실 동안 있을 주소와 전화번호 있으세요?

❿ I see a reservation for an economy car. Would you like to upgrade to a mid-sized car for an extra 10 dollars each day?
소형차로 예약을 하셨네요. 하루 10달러씩 더 내시고 중형차로 업그레이드하시겠어요?

⓬ Okay. 알겠습니다.

현지에서 당신이 하는 말 ⌣

Start ❶ I'm here to pick up a car.
차를 찾으러 왔습니다.

❸ Yes. Here it is.
네. 여기 있습니다.

❺ **This is** my international driver's license.
여기 제 국제 운전 면허증입니다.

❼ Here it is.
여기 있습니다.

❾ Here's my hotel address.
이게 호텔 주소입니다.

⓫ No. I'm **fine** with the economy car.
아뇨. 소형차면 됩니다.

---

pick up 찾으러 오다 / driver's license 운전 면허증 / local address 현지 주소 / economy car 소형차 / mid-sized car 중형차

자동차 렌트하기 2

Do 차를 렌트한 곳에서 주유할 경우 가격이 비쌀 수도 있으니 직접 주유해서 반납하는 방법을 추천해요.
자동차 열쇠를 받기 전에 차의 상태를 꼼꼼히 확인해 보세요.

현지에서 당신이 듣는 말 🎧	현지에서 당신이 하는 말 👄

Start ❶ Are you going to return the car with a full tank of gas? Or would you like to purchase our gas at this price?
기름을 가득 채워서 반납하시겠어요? 아니면 이 가격으로 여기서 구매하시겠어요?

❷ I'll fill up the tank before I return it.
가득 채워서 반납하겠습니다.

❸ Would you like to purchase our insurance?
보험을 구입하시겠습니까?

❹ No, thank you. I have my own insurance.
아니요, 괜찮아요. 보험이 있어요.

❺ Are you the only driver?
이 차를 혼자서 운전하시나요?

❻ Yes, I am.
네.

...

❷ Absolutely. 네.

Start ❶ Can I return the car at the Boston Airport?
차를 보스턴 공항에서 반납해도 되나요?

❸ Okay. Here's the contract. Please, initial here and sign here understanding and agreeing to the terms of your car rental.
계약서입니다. 여기에 성명의 첫 글자를 쓰고 여기에 서명을 해 주세요. 자동차 대여 조건을 이해하고 동의한다는 내용입니다.

❹ Let's go out and check the car for any damage.
손상된 부분이 있는지 나가서 차를 확인해 봅시다.

❺ Looks good. Thank you so much.
괜찮네요. 감사합니다.

❻ Enjoy your trip. 여행 잘 하세요.

---

fill up 가득 채우다 / purchase 구입하다 / insurance 보험 / contract 계약서 / initial 성명의 첫 글자를 쓰다 / damage 손상된 부분

주유하기

Do
주유 장갑이 필요할 수도 있어요.
휘발유는 premium보다는 regular 등 가장 저렴한 것으로 선택하세요.

Don't
"Fill it up!(가득이요!)" 하고 말할 기회가 없을 수도 있어요. 여러분이 직접 주유를 해야 하는 경우가 대부분이거든요.

화면에 등장하는 영어

Pay Credit 신용카드 결제	**Pay Debit** 체크카드 결제	**Pay Cash** 현금 결제

Type your PIN number.
비밀번호를 누르세요.
type = enter

Insert the card below.
아래에 카드를 넣으세요.

Enter Zip Code.
우편 번호를 누르세요.

Remove nozzle and select grade.
분사구를 들고 휘발유 등급을 선택하세요.

Regular 일반	**Plus** 플러스	**Premium** 프리미엄	**Diesel** 경유

Receipt?
영수증 드릴까요?

Please see cashier for receipt.
영수증을 원하시면 계산원에게 말씀하세요.

---

credit 신용카드 / debit 체크카드, 직불카드 / cash 현금 / PIN number 개인 식별 번호, 비밀번호 / type 타자 치다, 입력하다 / insert 집어넣다 / nozzle 분사구 / grade 등급 / regular 일반적인 / cashier 계산원

호텔 체크인하기

Do 미리 예약을 했기 때문에 이름만 말해도 대부분 체크인이 진행됩니다.
체크인만 하지 말고 날씨, 관광지 추천, 한국 등에 관해서 스몰 토크도 시도해 보세요.

현지에서 당신이 **듣는 말** 🎧	현지에서 당신이 **하는 말** 👄
❷ May I have your name? 성함을 말씀해 주시겠어요?	Start ❶ I'd like to check in, please. 체크인하려고 합니다.
❹ May I have your ID? 신분증 주시겠어요?	❸ Youngsun Kim. 김영선입니다.
❻ Sure. 네.	❺ Is my passport okay? 여권도 되나요?

...

Start ❶ You booked a room for six nights. 6박으로 방 하나 예약하셨네요.	❷ That's right. 맞아요.
❸ Would you fill out this registration form while you're waiting? 기다리시는 동안 등록 서류를 작성해 주시겠어요?	❹ Okay. 네.
❺ Ms. Kim, You're in room 1004. Take the elevator down the hall to the 10th floor. This is your room key. 1004호입니다. 복도에 있는 엘리베이터를 타고 10층으로 가세요. 방 키 여기 있습니다.	❻ Thank you. 감사합니다.

check in 체크인하다 / ID 신분증 / passport 여권 / fill out (서류 등을) 작성하다 / registration form 등록 서류 / hall 복도

호텔 시설 이용하기

Do 접수처(Reception)에서 호텔에 관한 모든 정보를 다 말로 설명해 주는 것은 아니므로 인터넷, 세탁기, 체크아웃 시간 등 필요한 정보는 꼭 물어보세요.

현지에서 당신이 **듣는 말** 👂》	현지에서 당신이 **하는 말** 👄‹
❷ 6 till 8 a.m. But on weekends it's from 7 till 9 a.m. 오전 6시부터 8시까지입니다. 단, 주말에는 오전 7시부터 9시까지입니다.	Start ❶ What time is breakfast? 아침 식사는 몇 시인가요?
❹ It's right next to the lobby. 로비 바로 옆에 있습니다.	❸ Where's the dining area? 식당은 어디죠?
❻ Let me check. Here's the schedule. The earliest shuttle will be here at 5 a.m. 확인해 볼게요. 시간표 여기에 있습니다. 첫 셔틀은 새벽 5시에 있습니다.	❺ One more thing. What time does the earliest shuttle bus to the airport leave? 한 가지 더요. 공항으로 가는 첫 셔틀버스는 몇 시에 출발하나요?
❽ Not necessarily. Just be in the lobby. 그러실 필요 없어요. 그냥 로비로 오세요.	❼ Should I buy a ticket or something in advance? 미리 티켓 같은 것을 사야 하나요?
❿ Yes. Here's how to use the Wi-Fi in your room. You can connect 2 devices to the Wi-Fi without any charge. 네. 방에서 와이파이 쓰는 법은 여기에 있습니다. 무료로 기기 2대를 연결할 수 있습니다.	❾ Do you have Wi-Fi in the room? 방에 와이파이는 있나요?
	⓫ Thank you so much. 감사합니다.
⓬ Is there anything else that I can help you with? 제가 더 도와드릴 건 없나요?	⓭ That's all. Have a good night. 그게 다예요. 안녕히 계세요.
⓮ Enjoy your stay. 좋은 시간 보내세요.	

dining area 식사하는 곳 / in advance 미리 / Not necessarily. 그럴 필요 없어요. / device 기기 / without charge 무료로

호텔 기타 상황

Do　호텔 방을 나갈 때는 키를 꼭 가지고 가세요. 밖으로 나오면 방문이 자동으로 잠기거든요.
방을 나갈 때는 청소하는 분들을 위해서 3~10 달러 정도의 팁을 탁자에 두는 것이 에티켓이에요.

현지에서 당신이 **듣는 말** 🔊	현지에서 당신이 **하는 말** 👄

❷ What's your room number?
방 번호가 어떻게 되나요?

Start **❶ Excuse me. I'm locked out of my room.**
저기요, 방문이 잠겼어요.

❹ What's your last name, ma'am?
성함이 어떻게 되세요?

❸ I don't remember that.
기억이 안 나요.

❻ Ms. Kim. You're in room 1002. I have a master key. I'll open the door for you. Shall we?
1002호십니다. 제게 마스터키가 있으니 열어 드릴게요. 가시죠.

❺ Kim. Jiwon Kim.
김. 김지원입니다.

...

❷ Sure. How many do you need?
네. 얼마나 필요하세요?

Start **❶ Can I get some quarters for the washing machine?**
세탁기에 쓸 25센트 동전을 바꿀 수 있을까요?

❹ Here it is.
여기 있습니다.

❸ Five bucks, please.
5달러 정도요.

quarter 25센트 동전 / washing machine 세탁기 / buck 달러

가까운 길 물어보기

Do 특정 가게나 식당의 경우 현지인들도 잘 모르는 경우가 많아요. 관광명소가 아니면 가게, 식당 등은 구글 맵(Google Maps)을 이용해서 찾도록 하세요.

현지에서 당신이 **듣는 말** 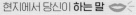	현지에서 당신이 **하는 말**
❷ Follow this road and then make a right turn. Walk two blocks. And then... 이 길을 따라가다가 우회전하세요. 두 블록을 간 다음...	**Start** ❶ Excuse me. Do you know where Quincy Market is? 저기요. 퀸시 마켓이 어디에 있는지 아세요?
❹ Okay. This road. Right turn. Walk two blocks and you'll see a huge building. It's Quincy Market. 네. 이 길로 가다가 우회전하세요. 두 블록 가면 큰 건물이 보입니다. 그게 퀸시 마켓이에요.	❸ Wait. Let me write it down. Say that again, please? 잠시만요. 좀 적을게요. 다시 말씀해 주시겠어요?
❻ About a 20 minute walk. 걸어서 한 20분 거리예요.	❺ How long does it take from here? 여기서 얼마나 걸리나요?
❽ I think they're open till 8 p.m. I'm not sure, though. 저녁 8시까지는 영업하는 것 같아요. 근데 정확하지는 않아요.	❼ One more thing. Do you know what time they close? 하나만 더요. 몇 시에 문 닫는지 아세요?
❿ You're welcome. 별말씀을요.	❾ Thank you so much. 감사합니다.

make a right turn 우회전하다 / write down 적다 / huge building 큰 건물 / take (시간이) 걸리다

먼 거리 길 물어보기

Don't 차를 태워 주겠다거나 같이 가 주겠다고 하는 지나친 친절은 사양하세요. 유명 관광지에서는 간혹 길을 가르쳐 주고 돈을 요구하는 이상한 사람들도 있어요.

현지에서 당신이 듣는 말 🎧	현지에서 당신이 하는 말 👄

	Start ❶ Excuse me. Is this Macy's on 5ᵗʰ Avenue? 저기요. 여기가 5번가 메이시스인가요?
❷ No. This is 1ˢᵗ Avenue. 아니요. 여기는 1번가입니다.	
	❸ Oh, No. The taxi driver took me to the wrong place. 아, 이런. 택시 기사가 잘못 내려 줬네요.
❹ I think it's near Manhattan. 그것은 맨해튼 근처에 있는 것 같은데요.	
❻ There's no subway stop around here. But you can take a bus. 이 근처에는 지하철역이 없어요. 버스를 타시면 돼요.	❺ Do you know how to get there? Subway? 거기에 어떻게 가는지 아시나요? 지하철 있어요?
❾ Go straight. Make a left. Walk about 5 minutes. And you'll see it. 직진했다가 좌회전하세요. 5분 정도 가면 보일 거예요.	❼ Where's the bus stop? 버스 정류장이 어디 있나요?
❿ I have no idea. Just check the sign on the bus. I think most buses go to Manhattan. 잘 모르겠네요. 버스 표시를 보세요. 대부분의 버스가 맨해튼에 갈 거예요.	❾ Do you know the bus number? 몇 번 버스가 거기에 가는지 아세요?
⓬ No problem. 천만에요.	⓫ Okay. Thank you very much. 알겠습니다. 감사합니다.

avenue 거리, 가(街) / take 데려가다 / wrong place 잘못된 곳 / subway stop 지하철역 / take a bus 버스를 타다

식당에서 테이블 안내 받기

Do 안내를 받을 때 몇 명인지 말하고 원하는 자리가 있으면 알려 주세요.

Don't 안내를 받지 않고 빈자리에 그냥 가서 앉지 마세요.

현지에서 당신이 **듣는 말** 🗣	현지에서 당신이 **하는 말** 👄
Start ❶ **How many?** 몇 분이세요?	❷ **Two, please.** 두 명입니다.
❸ **Did you make a reservation?** 예약하셨나요?	❹ **Yes, Myonghee Kim for two people.** 네, 김명희 이름으로 2명 예약했어요.
❺ **This way, please.** 이쪽으로 오세요. **Table or booth?** 테이블과 부스 중 어디가 좋으세요?	❻ **Table is good.** 테이블이 좋아요. **Can we sit next to the window?** 창가 자리에 앉을 수 있을까요?
❼ **Is this okay?** 이 자리 괜찮으세요?	❽ **Sure. I like it.** 네. 좋아요.
❾ **Your server will be here shortly.** 담당 서버가 곧 올 겁니다.	❿ **Thank you.** 감사합니다.

reservation 예약 / booth 고정된 의자가 배치된 칸막이 좌석 / your server 담당 서버 / shortly 곧

음식 주문하기

Do   보통 마실 것을 먼저 주문해요.
담당 서버가 음료를 가지러 간 사이에 메뉴를 보며 음식을 결정하세요.
한 명이 모아서 주문하지 말고 각자가 자신이 원하는 것을 주문하세요.

Don't   1인당 1개의 요리를 주문하는 게 정석이에요. 한 음료에 빨대를 여러 개 꽂아서 함께 먹지 않아요.

현지에서 당신이 **듣는 말** 🦻	현지에서 당신이 **하는 말** 👄

Start ❶ My name is Jessica. I'm your server today.
저는 제시카예요. 오늘 고객님의 담당 서버예요.

Can I get you a drink?
음료는 뭘로 드릴까요?

❷ I'll have Diet Coke.
다이어트 콜라 주세요.

❸ Here's the menu. Take your time.
메뉴 드릴게요. 천천히 보세요.

❹ Thank you.
감사합니다.

❺ Are you all set to order?
이제 주문하시겠어요?

❻ I think we are.
네, 주문할게요.

...

Start ❶ How would you like your steak?
스테이크는 어떻게 해 드릴까요?

❷ Medium-well, please.
미디엄 웰던으로 해 주세요.

❸ It comes with two side orders. What would you like?
사이드 메뉴 두 개가 함께 나와요. 뭘로 드릴까요?

❹ I'll have a baked potato and a small salad.
구운 감자와 샐러드 작은 걸로 할게요.

❺ Anything else?
더 필요한 거 없으세요?

❻ That's all.
그거면 돼요.

---

take one's time (서두르지 않고) 천천히 하다 / all set to ~할 준비가 된 / come with 함께 나오다 / else 그 밖에

식사하기

Do 담당 서버가 식사 중간에 와서 음식이 어떤지 물어볼 때 리필, 냅킨 등 필요한 것을 말하세요.
음식이 남으면 포장해 갈 수 있도록 용기(container)를 달라고 부탁하세요.

Don't "여기요"라고 아무나 부르기보다는 담당 서버가 올 때까지 기다렸다가 부탁하는 게 좋아요.

현지에서 당신이 **듣는 말** 🎧	현지에서 당신이 **하는 말** 👄
Start ❶ How is everything? 음식 어떠세요?	❷ It's a little bit undercooked. 약간 덜 익었어요. Would you please cook this a bit more? 이거 조금만 더 익혀 주시겠어요?
❸ Certainly, sir. 알겠습니다.	

...

| **Start** ❶ Is there anything you need?
 필요하신 거 있으세요? | ❷ Can I get some water? And I can get a container for leftovers?
 물 좀 주시겠어요? 그리고 남은 음식을 싸 갈 수 있게 용기 하나 주시겠어요? |
| ❸ Sure. I'll be right back.
 네. 곧 올게요. | |

...

| **Start** ❶ Are you all finished?
 다 드셨나요? | ❷ Yes, I really enjoyed it.
 네, 정말 잘 먹었어요. |

undercooked 덜 익은 / certainly 물론입니다 / container 그릇, 용기 / finished 다 끝낸

101

디저트 주문 및 계산하기

Do   음식값을 각자 낼 것인지, 한 명이 낼 것인지 정하도록 하세요. 각자 자신이 먹은 음식에 대해 영수증을 따로 받을 수도 있어요.

Don't   팁을 거부해서는 안 돼요. 보통 음식값의 20~25% 정도를 지불하는데, 계산이 힘든 사람들을 위해서 영수증에 팁 비율별로 가격이 적혀 있기도 해요.

현지에서 당신이 **듣는 말** 🎧	현지에서 당신이 **하는 말** 👄

Start ❶ Would you like some dessert?
디저트 드시겠어요?

❷ No, we're okay. We're so full.
아니요. 괜찮아요. 너무 배가 불러요.

❸ One check or separate checks?
계산서를 하나로 드릴까요, 아니면 따로 드릴까요?

❹ One check, please.
하나로 해 주세요.

...

❷ How do you want the money?
돈을 어떻게 바꿔 드릴까요?

Start ❶ Can you break this 100 dollar bill?
100달러를 잔돈으로 바꿔 주시겠어요?

❹ Okay. I'll be right back.
알겠습니다. 곧 가지고 오겠습니다.

Here it is.
여기 있습니다.

❸ Five twenties, please.
20달러 5장으로 주세요.

❻ You can pay me.
저한테 주시면 됩니다.

Thank you so much. Have a wonderful evening.
감사합니다. 좋은 저녁 되세요.

❺ Do I pay here or at the front?
여기서 낼까요, 아니면 프런트에서 낼까요?

❼ You too.
네, 당신도요.

full 배가 부른 / check 계산서 / separate 각자의 / break 잔돈으로 바꾸다 / bill 지폐

푸드 코트에서 주문하기

Do 뒤에 서서 다른 사람들이 하는 것을 보고 주문하면 쉬울 거예요.
메뉴를 충분히 보고 주문하도록 하세요.

Don't 자리를 맡겠다고 가방이나 물건을 두고 가지 마세요. 한국과는 달리 예상치 못한 상황에서 소매치기를
당할 수도 있어요.

현지에서 당신이 **듣는 말** 👂	현지에서 당신이 **하는 말** 👄

Start ❶ Next, please.
다음 분이요.

❷ Hello. It's my first time to eat here. Would you tell me how to order?
여기서 먹는 게 처음인데요. 어떻게 주문하는지 가르쳐 주실래요?

❸ First, choose the size and type of bread. We have six different kinds.
맨 먼저 빵의 크기와 종류를 선택하세요. 종류는 6가지가 있어요.

❹ How big is 6 inches?
6인치는 얼마나 큰가요?

❺ This is 6 inches and this is a foot long. 이게 6인치이고, 이건 1 피트예요.

❻ 6-inch whole wheat, please.
6인치 통밀로 주세요.

❼ Okay. What kind do you want?
네. 어떤 종류로 드려요?

❽ Excuse me? 네?

❾ What kind of sandwich would you like? 어떤 종류의 샌드위치로 드려요?

❿ I'll have a tuna sandwich.
참치 샌드위치 주세요.

⓫ Would you like it toasted?
빵을 구워 드릴까요?

⓬ No, thank you. 아뇨. 괜찮습니다.

⓭ Okay. Now you can choose your vegetables. 네. 이제 야채를 고르세요.

⓮ All of the vegetables, please.
야채는 다 넣어 주세요.

⓯ What kind of dressing would you like? 소스는 뭘로 드릴까요?

⓰ Wine vinegar is good.
와인 식초로 주세요.

order 주문하다 / type 종류 / inch 인치 / whole wheat 통밀 / tuna 참치 / toast 토스트하다 / vegetable 야채 / dressing 소스

푸드 코트에서 계산하기

Don't 탄산음료의 종류를 말하지 않아도 되는 경우가 있어요. 음료수 자판기에서 여러분이 직접 선택해서 먹는 곳도 많거든요. 이럴 경우 리필 역시 여러분이 직접 할 수 있어서 편리해요.

현지에서 당신이 **듣는 말** 👂»	현지에서 당신이 **하는 말** 👄
Start ❶ Do you want a combo? 콤보로 드릴까요?	❷ What's a combo? 콤보가 뭔가요?
❸ It comes with a medium drink and a small bag of chips. 중간 크기 음료와 작은 과자 한 봉지가 함께 나오는 거예요.	❹ Yes, please. 네. 그걸로 주세요.
❺ That comes to $9.99. 9달러 99센트입니다.	❻ Here it is. 여기 있어요.
❼ Do you have a K Mall card? You can get 10% off if you use it. K몰 카드 있으세요? 그 카드를 쓰시면 10퍼센트 할인해 드려요.	❽ No, I don't have it. 아니요, 없습니다.
❾ Okay. Here's your sandwich and a cup. 네. 샌드위치와 컵 드릴게요.	❿ Thank you. 감사합니다.
⓫ You can grab a bag of chips over there. Do you need anything else? 저기서 과자를 한 봉지 가져가세요. 다른 거 또 필요한 거 있으세요?	⓬ Can I get an extra straw? 빨대 하나 더 주실래요?
⓭ It's right next to the soda machine. 빨대는 음료 기계 바로 옆에 있습니다.	⓮ Thank you. 감사합니다.

That comes to ~ (가격이) 다 해서 ~이다 / off 할인하여 / grab 가지다 / extra 추가의 / soda machine 음료수 기계

카페에서 주문하기

Do
주문할 것을 미리 결정하고 메뉴를 영어로 머릿속에서 연습해 두세요.
이름을 요구하는 카페도 많아요. 이름을 부르면 실수로 다른 사람의 음료를 가지고 가는 일이 줄어드는 거죠.

Don't
1~10센트 동전은 가지고 가지 말고 쿨하게 팁 박스에 넣으세요.

현지에서 당신이 **듣는 말**	현지에서 당신이 **하는 말**

Start ❶ Hello. What can I get for you?
안녕하세요. 뭘로 드릴까요?

❷ Can I have two tall coffees?
톨 사이즈 커피 두 잔 주세요.

❸ We need to brew fresh coffee. It'll take 5 minutes.
새 커피를 내려야 되거든요. 5분 걸릴 겁니다.

❹ Okay. I'll wait.
네. 기다릴게요.

❺ For here or to go?
여기서 드실 건가요, 가지고 가실 건가요?

❻ For here.
여기서 먹을게요.

❼ Do you need room for cream?
크림을 넣으실 공간을 좀 남겨 둘까요?

❽ Just for one.
한 개만 그렇게 해 주세요.

❾ Okay. Anything else?
네. 다른 거 필요한 거 있으세요?

❿ And the chocolate brownie, please.
초콜릿 브라우니도 주세요.

⓫ Do you want me to warm it up?
데워 드릴까요?

⓬ Yes, please.
네.

⓭ $10.69.
10달러 69센트입니다.

⓮ Here it is.
여기 있습니다.

⓯ Your name?
이름이 어떻게 되세요?

⓰ Jay.
제이입니다.

brew (커피 등을) 만들다, 끓이다 / warm up 데우다

식당 기타 상황

Do 유명한 식당은 꼭 미리 예약하세요.
계산대 화면을 보여 주며 팁을 유도하는 커피숍도 많이 있어요. 사정에 맞게 팁을 입력하도록 하세요. 이럴 경우 20~25%를 주지 않아도 괜찮아요.

Don't 서양의 경우 음식의 양이 우리나라의 1.5인분 정도이니 너무 많이 시키지 마세요.

현지에서 당신이 **듣는 말** 🎧	현지에서 당신이 **하는 말** 👄

Start ❶ **How long** should I wait?
얼마나 기다려야 할까요?

❷ About 30 minutes. Do you want me to put your name on the waiting list?
30분 정도요. 대기자 명단에 올려 드릴까요?

❸ We're okay. Thank you.
괜찮아요. 감사합니다.

...

Start ❶ Do you think it is enough for two people?
두 명이 먹을 건데 적당할까요?

❷ I think it's a little bit small.
좀 적을 것 같은데요.

❹ That's a good idea. I'll bring your drinks first.
그게 좋겠네요. 음료 먼저 가져다 드릴게요.

❸ If we need more, I'll order later.
더 필요하면 나중에 주문할게요.

...

❷ What drink did you order?
어떤 음료를 주문하셨나요?

Start ❶ I think my order is wrong.
제 주문이 잘못된 것 같아요.

❸ I ordered a tall cappuchino, but this is a latte. Here's my receipt.
카푸치노 톨 사이즈를 주문했는데 이건 라떼예요. 영수증 여기에 있어요.

❹ Oh, I'm sorry. I'll get you another one right away.
아, 죄송합니다. 빨리 다시 만들어 드릴게요.

❺ Thank you.
감사합니다.

about 약 ~, ~ 정도 / waiting list 대기자 명단 / drink 음료 / right away 즉시

2 _ 30.mp3

물건 둘러보기

Do 가게 직원들이 How are you? 등의 인사말을 건넬 때는 Good. Thanks. 등으로 가볍게 대답해 주세요.

Don't 물건을 구입하지 않고 둘러만 보면 괜히 눈치를 보게 되지만 주눅 들지 말고 당당하게 I'm browsing.(둘러보는 거예요.)이라고 말하세요.

현지에서 당신이 **듣는 말**	현지에서 당신이 **하는 말**

Start ❶ Hi, how are you doing?
안녕하세요.

❷ I'm good. Thanks.
안녕하세요.

❸ Is there anything you need?
필요하신 거 있으세요?

❹ No. I'm just browsing.
아뇨. 그냥 둘러보려고요.

❺ Okay. Let me know if you need anything.
네. 필요한 거 있으시면 말씀하세요.

❻ Okay.
네.

❼ We have a clearance sale for selected items now.
일부 품목은 염가 처분 판매 중이에요.

❽ Which items are on sale?
어떤 게 할인 품목인가요?

❾ Everything except the new items on this rack.
여기 옷걸이에 걸려 있는 신상품을 제외하고 전부예요.

❿ Okay. I'll look around.
알겠습니다. 둘러볼게요.

⓫ Take your time.
천천히 구경하세요.

browse 둘러보다 / clearance sale 염가 처분 판매 / selected items 일부 품목 / rack 옷걸이 / look around 둘러보다 / take one's time 천천히 ~하다

특정 물건 찾기

Do 점원이 다른 손님을 상대하고 있을 때는 차분히 기다렸다가 여러분의 용건을 물어보세요.
책이나 음반 등을 문의할 때는 작가나 뮤지션의 이름을 적어 주는 것도 좋아요. 우리가 알고 있는 발음과
많이 다르거든요.

현지에서 당신이 **듣는 말** 👂》	현지에서 당신이 **하는 말** 👄
❷ Pop-up books... I think we have some in the children's book section. Come this way. 팝업북은… 아동 도서 코너에 있을 겁니다. 이쪽으로 오세요.	Start ❶ Excuse me. Where can I find pop-up books? 저기요. 팝업북은 어디에 있나요?
This is all we have. Is there a particular book you're looking for? 이게 전부입니다. 특별히 찾으시는 책이 있으세요?	❸ Do you have *600 Black Dots*? 「600 Black Dots」 있나요?
❹ I don't see it on the bookshelf. Let me check in the computer. 책장에는 안 보이네요. 컴퓨터로 찾아볼게요.	❺ Thank you. 감사합니다.
❻ David Carter? 데이빗 카터 맞나요?	❼ That's it. 그거예요.
❽ We don't have it in our store but you can order it online. Do you want me to order it for you? 저희 매장에는 재고가 없네요. 하지만 온라인으로 주문하실 수 있어요. 주문해 드릴까요?	❾ It's okay. I'm just visiting here. 괜찮아요. 잠시 여행 차 온 거라서요.
❿ Okay. Is there anything else you need? 알겠습니다. 더 필요한 거 있으세요?	⓫ No. Thank you. I'll just look around. 괜찮아요. 그냥 둘러볼게요.

pop-up book 팝업북 / children's book 아동 도서 / section 구역 / particular 특별히 / bookshelf 책장 / That's it. 그거예요.

옷 입어 보기

Do 탈의실을 이용하려면 직원이 열쇠로 열어줘야 하는 가게도 많이 있어요. 이럴 때는 직원의 도움을 요청하세요.

Don't 체감상으로는 우리나라 직원들에 비해 다소 불친절하게 느껴질 수 있어요. 문화 차이일 수 있으니까 무작정 차별받았다고 생각하지는 마세요.

현지에서 당신이 **듣는 말** 🗣	현지에서 당신이 **하는 말** 👄
❷ Okay. This way, please. 네. 이쪽으로 오세요. Here you go. My name is Jessy. If you need anything, let me know. 들어가세요. 저는 제시예요. 필요한 거 있으시면 말씀하세요.	Start ❶ Excuse me. Can I try this on? 저기요. 이거 입어 볼 수 있나요? ❸ Thank you. 감사합니다.

...

Start ❶ How is it? 어떠세요?	❷ This is too tight. 너무 끼네요.
❸ Do you want to try a bigger size? 더 큰 사이즈로 입어 보시겠어요?	❹ Yes, please. Can I try a blue one, too? 네. 그리고 파란색도 입어 볼 수 있을까요?
❺ Sure. I'll get it now. 물론이죠. 바로 가져다 드릴게요.	

...

Start ❶ How is it? 어떠세요?	❷ I like it. 좋은데요.
❸ If you buy one, you get another one 50% off. 하나 구입하시면 다른 하나는 50% 할인해 드려요.	❹ That's great. I'll buy both. 좋아요. 둘 다 살게요.

try on 입어 보다 / tight 꽉 끼는 / get 가져다주다 / both 둘 다

가격 문의하기

Do 아울렛이나 백화점처럼 대형 매장은 가격을 확인할 수 있는 바코드 스캐너가 있어요. 직원에게 묻기 전에 스캐너를 먼저 찾아보세요.

Don't 가격표에 있는 가격을 그대로 믿지 마세요. 가격표에는 세금이 포함되어 있지 않거든요. 소비세가 없거나 특정 물건에 대해 세금을 부과하지 않은 지역도 있으니 출국 전에 미리 확인해 보세요.

현지에서 당신이 듣는 말 🦻	현지에서 당신이 하는 말 👄

❷ Yes, it is.
네.

`Start` ❶ Excuse me. Is this on sale?
저기요. 이거 세일하는 건가요?

❹ No. The price on the tag is the actual sale price.
아뇨. 가격표 가격이 실제 판매 가격입니다.

❸ So can I get an extra 30% off from this price?
그럼 이 가격에서 추가 30%를 하는 건가요?

···

`Start` ❶ Do you want me to keep it for you?
그 물건을 보관해 드릴까요?

❷ Okay. Thank you.
네. 감사합니다.

❸ Let me know if you need anything.
필요한 거 있으시면 알려 주세요.

❹ Okay.
알겠습니다.

···

`Start` ❶ Excuse me. There's no price tag on this shirt.
저기요. 이 셔츠에 가격표가 없어서요.

❷ Let me check.
확인해 보겠습니다.

It's $9.99. 80% off.
9달러 99센트예요. 80퍼센트 할인하는 거네요.

❸ Do you mind if I try it on?
입어 봐도 될까요?

❹ Sure. I'll get the key for the dressing room.
물론이죠. 탈의실 키를 가져올게요.

❺ Thank you.
감사합니다.

on sale 세일 중인 / extra 추가의 / tag 가격표 / keep 보관하다 / dressing room 탈의실

물건 계산하기

Do 물건만 구입하지 말고 점원과 간단한 대화를 나눠 보세요. 점원들은 손님과의 유대를 중요하게 생각하거든요.

Don't '디스카운트'를 외치며 더 할인해 달라고 무리하게 실랑이하지 마세요.

현지에서 당신이 **듣는 말** 👂)))	현지에서 당신이 **하는 말** 👄
Start ❶ All set? 다 되셨어요?	❷ **Yes.** 네.
❸ **It comes to $329.21.** 329달러 21센트입니다.	❹ **I'll pay by credit card.** 신용카드로 계산할게요.
❺ **Do you have a membership with Northstar mall?** 노스스타몰 멤버십 있으신가요?	❻ **No. I don't.** 아니요.
❼ **Can I get your zip code?** 우편 번호가 어떻게 되세요?	❽ **I'm just visiting.** 그냥 여행 차 방문중이에요.
❾ **Oh, where are you from?** 오, 어디서 오셨어요?	❿ **I'm from Seoul, Korea.** 대한민국 서울에서 왔어요.
⓫ **My sister is working in Seoul. She's an English teacher.** 제 동생이 서울에서 일해요. 영어 선생님이에요.	⓬ **Really? That's great.** 정말요? 멋지네요.
⓭ **Sign here, please.** 여기에 서명해 주세요.	⓮ **Can I get a bigger bag? I want to put this together in the bag.** 더 큰 가방으로 주시겠어요? 이것도 가방에 같이 넣고 싶어서요.
⓯ **Sure. Is this big enough?** 네. 이거면 될까요?	⓰ **That's good.** 좋아요.
⓱ **I'll put the receipt in the bag. Have a great trip.** 영수증 가방에 넣어 드릴게요. 여행 잘 하세요.	⓲ **Thank you.** 감사합니다.

셀프 계산대 이용하기

Do   주류는 셀프 계산대에서도 생년월일이 있는 신분증을 직원에게 보여 주어야 해요.

Don't   일반 용량의 상품을 구입하지 말고 여행용 상품을 구입하세요. 대형 마트에는 소량의 상품만 따로 취급
하는 구역이 있어요.

화면에 등장하는 영어 👁

Self-Checkout 셀프 계산대	**Scan your items** 상품의 바코드를 스캔하세요
Purchase (Reload) shopping card 쇼핑 카드 구입 (충전)	**Add to My bag** 장바구니에 상품 추가
Look up item 상품 찾기	**Key in code** 상품 코드 입력
Finish & Pay 상품 스캔 완료 및 구입	**Cancel items** 상품 취소
Use other barcode for this item 이 상품의 다른 바코드를 사용하세요	
Amount Due 지불할 금액	**Total** 합계
Please check your basket 바구니를 살펴보세요	**Scan additional items now or Press OK to pay** 추가 상품을 스캔하거나 OK를 눌러서 지불하세요.
Select Payment Type 지불 방법을 선택하세요.	
Insert cash 현금을 투입하세요.	**Processing** 처리 중

Change due 거스름돈	**Take change** 거스름돈을 받으세요	**Take your items** 상품을 가져가세요

item 물품, 품목 / purchase 구입 / reload 충전(= recharge) / add 추가하다 / look up 찾아보다 / cancel 취소하다 / due 지불할
/ amount 가격 / additional 추가적인 / processing 처리 중

뮤지컬 표 구입하기

Do   현장에서 진행하는 깜짝 할인 행사가 있을지도 모르니 확인하도록 하세요.

Don't   주말 저녁에 브로드웨이나 웨스트엔드의 인기 공연을 예약 없이 보기는 힘들어요. 관람을 원한다면 출국하기 전에 예약하는 게 제일 좋아요.

현지에서 당신이 **듣는 말**	현지에서 당신이 **하는 말**

❷ All seats are booked for tonight.
오늘 밤 공연은 매진입니다.

Start **❶ Two tickets for *Wicked*, please.**
「위키드」 두 장 주세요.

❹ The 7:30 show is fully booked but you can watch the matinee.
7시 30분 공연은 매진입니다. 하지만 오후 공연은 있습니다.

❸ How about tomorrow?
내일은요?

❻ 2:00 p.m.
오후 2시입니다.

❺ What time is the matinee?
오후 공연은 몇 시예요?

❽ Okay. Which seats do you want? You can choose from the green colored seats.
네. 어떤 좌석을 원하시나요? 녹색으로 표시된 좌석들 중 선택하실 수 있습니다.

❼ That's good.
좋아요.

❿ All of them are booked except for some seats in the back.
뒷자리 몇 개 빼고는 다 찼습니다.

❾ Are there any seats on the first floor?
1층에 자리가 있나요?

⓬ Good. 260 dollars.
네. 260달러입니다.

⓫ Then... second floor... B11, B12.
그럼 2층 B11, B12로 할게요.

⓮ Sorry. We don't.
죄송합니다. 없어요.

⓭ Do you offer a discount?
할인을 받을 수 있나요?

book 예약하다 / matinee 오후 공연 / choose 선택하다 / first floor 1층

박물관 표 구입하기

Do 예약한 사람을 위한 줄, 현장 구매를 위한 줄 등 여러 줄이 있을 수 있으니 줄을 서기 전에 미리 물어보세요.

Don't 무작정 박물관으로 가지 말고 홈페이지에서 가격, 할인 정보 등을 미리 확인하세요.
한국어로만 된 신분증으로는 할인을 받지 못할 수 있어요.
여행자 수표를 안 받는 곳들도 많으니 가급적 신용카드 혹은 현금을 사용하세요.

현지에서 당신이 **듣는 말**	현지에서 당신이 **하는 말**

Start ❶ Excuse me. Is this the line to buy tickets?
저기요. 여기가 표 사는 줄인가요?

❷ Yes, it is.
네 맞아요.

...

Start ❶ One student and one adult, please.
학생 한 장, 어른 한 장이요.

❸ Do you have a student ID?
학생증 있으세요?

❸ I have my Korean student ID. Is it okay?
한국 학생증이 있는데 그것도 괜찮나요?

❹ Is it in English?
영어로 되어 있나요?

❺ Korean and English.
한국어와 영어 같이 있어요.

❻ Let me see. That'll do.
봅시다. 되겠네요.

Okay. $19.05, please.
19달러 5센트입니다.

❼ Can I use my traveler's check?
여행자 수표도 되나요?

❽ Sorry. We accept cash or credit only.
죄송합니다. 현금나 신용카드만 받아요.

❾ I'll use my credit card.
신용카드로 할게요.

---

adult 어른 / That'll do. 그거면 됩니다. / traveler's check 여행자 수표

공연장 안내받기

Do 공연장에 들어가기 전 안전상의 이유로 가방을 검색해요.
극장 안에서 파는 와인, 맥주 등을 공연 중에 마실 수 있어요.
뮤지컬은 줄거리와 가사를 알고 가면 더 재미있게 관람할 수 있어요.

현지에서 당신이 **듣는 말**	현지에서 당신이 **하는 말**

Start ❶ If you have a bag, stand in line. No bags, come this way, please.
가방이 있으시면 줄을 서 주세요. 가방이 없는 분은 이쪽으로 오세요.

❷ Empty your pockets, please.
주머니를 비워 주세요.

No keys, coins or metal objects in your pockets.
주머니에는 열쇠, 동전, 금속 물질이 없어야 합니다.

...

Start ❶ Tickets, please.
티켓 주세요.

❷ Here it is. Me and my friend.
여기에 있습니다. 저와 친구 표입니다.

❸ Enjoy the show.
즐거운 관람 되세요.

...

❷ You should go up one more floor. Here's the Playbill.
한 층 더 올라가셔야 합니다. 플레이빌 여기 있습니다.

Start ❶ Can you show me where these seats are?
이 좌석이 어디인지 알려 주시겠어요?

❹ Here you go. 여기 있어요.

❸ Thank you. Can I get one more?
감사합니다. 하나 더 받을 수 있을까요?

metal object 금속 물질 / empty 비우다 / Playbill 공연 안내 잡지

장비 대여하기 1

Do 스키 장비 및 리프트 표 구매 역시 온라인으로 먼저 신청할 수 있어요.
여름, 겨울에는 날씨를 수시로 체크하세요.

현지에서 당신이 **듣는 말** 🎧	현지에서 당신이 **하는 말** 👄

Start ❶ How are you doing today?
안녕하세요.

❷ Good. I'd like to rent some ski equipment.
안녕하세요. 스키 장비를 대여하려고요.

❸ Okay. Do you want to sign up for a ski lesson?
네. 스키 강습을 신청하시겠어요?

❹ No, thank you. Just renting the equipment.
아뇨. 장비만 대여할게요.

❺ Okay. Sign here, please.
네. 여기에 서명해 주세요.

You're all set. Go to rental area and Stella will help you with the equipment.
다 되셨어요. 대여하는 곳으로 가세요. 스텔라가 도와줄 겁니다.

❻ Where's the rental area?
대여하는 곳이 어디예요?

❼ It's right next to us. You can go through that door.
바로 옆이에요. 저 문으로 들어가세요.

❽ Thank you.
감사합니다.

❾ Anything else?
더 필요한 거 있으세요?

❿ Where can I buy lift tickets?
리프트 표는 어디서 살 수 있나요?

⓫ You can buy them here. How many people?
여기서 사실 수 있어요. 몇 분이시죠?

⓬ Two.
두 명이에요.

---

equipment 장비 / sign up for ~를 신청하다 / rental area 대여소 / go through ~를 통해 들어가다

장비 대여하기 2

Do 미국에서 신체 사이즈를 재는 단위는 우리와 달라요.
자신의 키, 발 사이즈, 몸무게를 미국 단위로 알아 두세요.

현지에서 당신이 **듣는 말** 🦻»	현지에서 당신이 **하는 말** 👄

Start ❶ Can I get your ID?
신분증 주시겠어요?

❷ I'm a visitor. Is my passport okay?
관광객이에요. 여권도 괜찮나요?

❸ Sure. 물론이죠.
Okay. Let me get the boots for you first. What size are you?
부츠부터 드릴게요. 무슨 사이즈 신으세요?

❹ Seven.
7 사이즈예요.

❺ Try them on. 이거 신어 보세요.

❻ They fit okay.
괜찮게 맞는 것 같아요.

❼ Now skis and poles. Are you about 5'6?
이제 스키하고 폴을 드릴게요. 키가 약 5피트 6인 치이신가요?

❽ Yes.
네.

❾ Here they are. I'll write down the serial numbers. Go and try on the ski outfit and gloves.
여기에 있습니다. 일련 번호를 적을게요. 가셔서 스키복하고 장갑을 착용해 보세요.

❿ Okay. Am I all set to go?
네. 다 된 건가요?

⓫ Yeap. 네.

⓬ Should I return the equipment here?
여기에 장비를 반납하나요?

⓭ Rental return is on the first floor.
장비 반납은 1층입니다.

⓮ Thank you so much.
감사합니다.

⓯ Enjoy. 잘 타세요.

fit 맞다 / write down 적다 / serial number 일련 번호 / outfit 옷, 복장 / return 반납하다

비행기를 놓친 경우

Do　환승할 때 다음 비행기 시간이 촉박한 경우 항공사에서 Priority 표시를 주기도 해요. 이 표시를 보여 주면 줄을 서지 않고 바로 입국수속을 밟을 수 있어요.

| 현지에서 당신이 **듣는 말** 🎧 | 현지에서 당신이 **하는 말** 👄 |

Start ❶ Hello. I missed my flight because my previous flight was late.
안녕하세요. 앞 비행기가 늦게 도착해서 비행기를 놓쳤어요.

❷ Can I see your ticket?
티켓을 보여 주시겠어요?

❸ Here it is.
여기 있습니다.

❹ Your AA103 was 3 hours late due to severe weather. I'll book you on the next flight.
AA103편이 기상 악화로 3시간 늦게 도착했네요. 다음 비행기를 예약해 드리겠습니다.

❺ Should I pay for it?
제가 돈을 내야 하나요?

❻ No. You don't need to.
아뇨. 그러실 필요 없어요.

Okay. The next plane leaves at 7:15 a.m. tomorrow.
다음 비행기는 내일 오전 7시 15분에 출발합니다.

❼ No more flights today?
오늘 가는 건 없나요?

❽ Sorry. You just missed the last flight for today.
죄송합니다. 오늘 마지막 비행기를 놓치셨어요.

❾ I think I have to take it then.
그럼 그걸로 해야겠군요.

miss 놓치다 / flight 비행기 / previous 앞의, 이전의 / land 도착하다 / due to 때문에 / severe 나쁜 / book 예약하다

공항에 짐이 도착하지 않은 경우

Do 공항에서 가방이 올 때까지 마냥 기다릴 수 없어요. 고객센터에서 절차를 밟은 뒤 다음 행선지로 이동하세요.
이럴 경우를 대비해서 꼭 수하물 보관표를 가지고 있어야 해요. 수하물 보관표는 보통 스티커로 되어 있는데, 이를 탑승권 뒤에 붙여 두는 게 좋아요.

현지에서 당신이 **듣는 말** 🕬	현지에서 당신이 **하는 말** 👄

❷ What's the flight number?
편명이 어떻게 되세요?

Start ❶ Excuse me. One of my bags hasn't arrived yet.
실례합니다. 제 짐 중에 하나가 아직 안 와서요.

❹ American Airline. There's a customer service agent at the end of the hall. Ask the agent there.
아메리칸 에어라인이네요. 복도 끝에 고객센터가 있어요. 거기 직원에게 물어보세요.

❸ It's AA104.
AA104편이에요.

❺ Thank you.
감사합니다.

...

❷ Do you have the baggage claim tag?
수하물 보관표 있으세요?

Start ❶ Hi, I can't find my bag in baggage claim.
수하물 찾는 곳에 제 가방이 없어요.

❹ Yes. Can you describe your bag?
네. 가방 모양이 어떻게 되나요?

❸ You mean this sticker?
이 스티커 말씀하시는 건가요?

❻ Your number and address to receive the bag?
가방을 받을 주소와 전화번호를 알려주시겠어요?

❺ It's a black Samsonite with 4 wheels.
바퀴 네 개 달린 검은색 샘소나이트예요.

❽ Hotel's fine. Would you fill out this form?
호텔도 괜찮아요. 이 양식을 작성해 주시겠어요?

❼ I'm staying in a hotel.
저는 호텔에서 지낼 건데요.

customer service 고객센터 / agent 직원 / baggage claim tag 수하물 보관표 / wheel 바퀴 / fill out 작성하다 / form 양식

물건을 놓고 나온 경우

Do 자리를 뜰 때는 두고 오는 물건이 없는지 꼭 확인하세요.

Don't 앉았던 자리에 그냥 들어가서 무작정 확인하지 말고, 먼저 종업원과 다른 고객들에게 양해를 구하도록 하세요.

현지에서 당신이 **듣는 말** 👂))	현지에서 당신이 **하는 말** 👄
❷ Let me check if we found a phone. 핸드폰 찾아놓은 것이 있는지 확인해 볼게요. Sorry. We don't have any phone. 죄송합니다. 핸드폰은 없는데요.	Start ❶ Excuse me. I left my phone on the table. 저기요. 제가 테이블에 핸드폰을 두고 갔어요.
❹ Okay. 네.	❸ Do you mind if I go and check? 제가 가서 확인해 봐도 될까요?

...

	Start ❶ Hi. Sorry to bother you. Did you see an iPhone on this table? 안녕하세요, 정말 죄송한데, 혹시 테이블에 있던 아이폰 못 보셨나요?
❷ No. We didn't. 못 봤어요. Leave your contact number. We'll call you if we find your phone. 연락처를 남겨 주세요. 핸드폰을 찾으면 전화 드리겠습니다.	❸ Thank you. I'll leave my friend's number. 고마워요. 친구 번호를 남길게요.

leave 두고 가다 / Sorry to other you. 방해해서 죄송합니다. / contact number 연락처

경찰서에서 도움받기

Do 여권을 분실했을 경우에는 즉시 대사관으로 연락해서 임시 여권을 발급받으세요.

Don't 경찰에 신고할 때는 과장하거나 꾸며 내지 말고 있는 그대로의 사실을 말하세요. 경찰에게는 절대 무례한 행동을 해서는 안 됩니다.

현지에서 당신이 **듣는 말**	현지에서 당신이 **하는 말**

Start ❶ Tell me what happened.
어떻게 된 건지 말씀해 주세요.

❷ I was looking at the menu. A boy came to the table to sell us magazines. We didn't buy any. After he left, my purse was gone.
메뉴를 보고 있었는데 아이가 잡지를 팔려고 우리 테이블로 왔어요. 아무것도 안 샀는데 그 애가 간 뒤에 제 가방이 없어졌어요.

❸ Do you remember what the boy looked like?
아이의 인상착의 기억나십니까?

❹ White. Brown hair. Tall and skinny.
백인이었고 갈색 머리에 키가 크고 말랐어요.

❺ What did you have in your purse?
가방 안에는 뭐가 있었죠?

❻ Wallet, cell phone and passport. I need to find my passport.
지갑, 핸드폰, 여권이요. 여권은 꼭 찾아야 해요.

❼ Where are you from?
어디서 오셨나요?

❽ I'm from South Korea.
한국이요.

❾ Okay. You need to write a statement. Would you fill out this form?
진술서를 쓰셔야 해요. 이 양식을 작성해 주시겠어요?

❿ Do you think we can find it by tomorrow? We're going to Italy tomorrow night.
내일까지 찾을 수 있을까요? 내일 밤 이탈리아에 가거든요.

⓫ I'm afraid you won't by tomorrow. Better to call your embassy.
내일까지는 힘들 것 같습니다. 대사관에 연락하시는 게 좋겠습니다.

⓬ Okay.
네.

purse 작은 가방 / white 백인 / skinny 마른 / statement 진술서 / I'm afraid ~인 것 같습니다 / embassy 대사관

약 사기

Do 미국에서는 Walgreens이나 CVS 같은 곳에서 약을 구입할 수 있어요. 또한 Walmart, Target처럼 대형 마트 안에도 약국이 있어요.
약을 복용하기 전에 복용법을 꼭 읽어 보세요.

현지에서 당신이 **듣는 말** 🎧	현지에서 당신이 **하는 말** 👄
	Start ❶ Hello. Do you have something for a cold? I'm traveling, and I don't know what medicine to buy. 안녕하세요. 감기약 있나요? 여행 중인데 어떤 약을 구매해야 할지 모르겠어요.
❷ Okay. What's your symptoms? 알겠습니다. 증상이 어떻게 되나요?	
	❸ It's not for me. It's for my friend. She has a fever and muscle pain. 제가 아니고, 제 친구가 아픈데요. 열이 나고 몸살기가 있어요.
❹ Does she cough? Runny nose? 기침을 하나요? 콧물은요?	
	❺ No, she doesn't cough. She has a sore throat. 아뇨, 기침은 안 해요. 목이 아프대요.
❻ Hmm. I'll give you this. 음. 이걸 드릴게요.	
❽ How old is your friend? 친구분 나이가 어떻게 되세요?	❼ How does she take this medicine? 이 약은 어떻게 복용하나요?
❿ Take two pills every 6 hours. 6시간마다 두 알씩 드세요.	❾ Thirty two. 32세요.
⓬ It doesn't matter. 상관없어요.	⓫ After meals? 식사하고 난 뒤예요?

symptom 증상 / cough 기침하다 / runny nose 콧물 / fever 열 / muscle pain 몸살 / sore throat 목 아픔 / medicine 약 / pill 알약 / meal 식사 / It doesn't matter. 상관없어요.

스피킹 매트릭스

1분 | 2분 | 3분 영어 말하기

6년 동안 20만 독자가 본
국내 1위 영어 스피킹 훈련 프로그램!

한국인의 스피킹 메커니즘에 맞춘 **과학적 3단계 훈련**으로

1초 안에 문장을 완성하고 1분, 2분, 3분,… 막힘없이 말한다!

난이도	첫걸음	초급	중급	고급		기간	각 권 60일

대상	집중 훈련으로 영어 스피킹을 단기간에 향상시키려는 학습자	목표	1분/2분/3분 이상 영어로 내 생각을 자신 있게 말하기

네이티브는 쉬운 영어로 말한다
1000 문장편

20만 독자가
선택한
베스트셀러!

부록

**mp3 파일
무료 제공**

박수진 지음 | 592쪽 | 15,000원

20만 독자가 선택한 베스트셀러가 돌아왔다!!

네이티브가 항상 입에 달고 살고,
미드에 꼭 나오는 1000문장으로 진짜 원어민처럼 말한다!

난이도	첫걸음 **초급** 중급	고급
대상	네이티브가 쓰는 영어를 찰지게 써먹고 싶은 누구나

시간	하루 5분, 다섯 문장
목표	외국인 친구와 자연스럽게 대화하기, 미드 보며 자막 없이 알아듣기

English

여행 영어

❷ **가서 보는 책**

무작정 들고 가도 다 통한다!

'한글발음표기'로 누구나 쉽게

상황에 따라 콕 집어 바로 말한다!

라이언 지음

TRAVEL

무작정
따라하기

English

여행 영어

② 가서 보는 책

길벗
이지:톡

여행 영어 무작정 따라하기 일러두기

01 미리보는 책

여행 영어를 체계적으로 학습하고 싶은 분께 추천합니다. 실제 상황을 고려해 더욱 풍성한 표현을 익히고 싶다면
2주일 코스를 목표로 학습해 보세요. 당신의 여행이 달라집니다.

출국부터 귀국까지!

기내-공항-교통-호텔-길
거리-식당-쇼핑-관광지-
위급 상황별로 꼭 필요한
핵심표현만 담았습니다!

**30개 핵심패턴으로
빈틈없이!**

단어만 바꾸면 수십 가지
문장을 말할 수 있습니다!

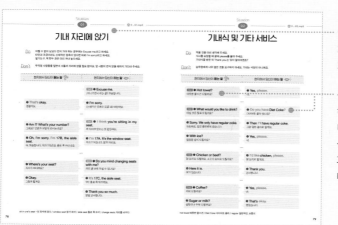

앞에서 학습한 패턴을 실
제 상황에서 어떻게 쓰는
지 상황별로 연습합니다.

듣는 말과 하는 말을 구분
하여 집중 학습이 가능합
니다.
상황에 따라 다양한 질문
과 대답을 선택해 학습합
니다.

02 가서 보는 책

기내에서, 공항에서, 여행하면서 언제 어디서나 참고할 수 있는 활용편입니다. 필요한 정보만 쏙쏙 골라 담아, 여행 내내 유용하게 활용할 수 있습니다.

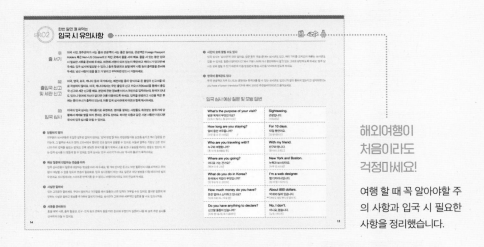

해외여행이
처음이라도
걱정마세요!

여행 할 때 꼭 알아야할 주의 사항과 입국 시 필요한 사항을 정리했습니다.

여행에 꼭 필요한 유용한 애플리케이션과 활용법까지 알려줍니다.

모든 상황이 한 권에! 여행에 꼭 필요한 유용한 애플리케이션과 활용법까지 알려줍니다.

 기내 공항 교통 호텔 길거리 식당 쇼핑 관광지 위급

생존을 위한 기초 표현 30개와 모르면 난감해지는 날짜, 시간, 돈 등 숫자 읽기를 일목요연하게 정리했습니다.

외국인을 대할 때의 문화 차이와 기본적인 에티켓을 알려줍니다.

원어민의 억양과 발음에 익숙해질 수 있도록 MP3 파일을 무료로 제공합니다. 길벗이지톡 홈페이지(gilbut.co.kr)에서 <여행 영어 무작정 따라하기> 도서 제목으로 검색하세요.

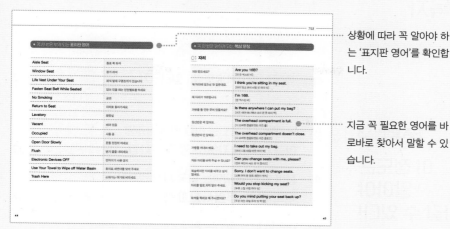

상황에 따라 꼭 알아야 하는 '표지판 영어'를 확인합니다.

지금 꼭 필요한 영어를 바로바로 찾아서 말할 수 있습니다.

각 상황별 핵심 단어를 읽고 말할 수 있도록 인덱스로 정리했습니다.

TABLE OF CONTENTS
목차

PART 3

이 정도는
알아야
나갈 수 있다!

여행 영어 십계명

01
주눅 들지 마세요

영어에 자신이 없다고 주눅 들지 마세요. 영어를 잘 못해도 어떻게 해서든 입국 심사를 통과하고, 커피를 주문하고, 할인을 받아서 쇼핑을 할 수 있어요. 그들에게 돈을 벌게 해 주는 사람은 우리 관광객들이니까 당당하게 원하는 것을 말하도록 하세요. 그러면 그들도 우리가 하는 말을 알아들으려고 할 거예요. 여행 영어는 완벽하지만 소심한 목소리로 말하는 것보다 틀리더라도 큰 목소리로 말하는 게 훨씬 잘 통해요.

02
떠넘기지 마세요

처음 영어로 주문을 했는데 점원이 못 알아들었다고 다른 사람에게 주문을 떠넘기지 마세요. 무슨 일이든 처음은 힘들지만 차츰 하다 보면 별거 아니잖아요. 영어 주문도 자꾸 하다 보면 비슷한 문장을 반복해서 듣고 말하게 되는 것이니까 어느 정도 적응이 될 거예요. 그리고 이때가 아니면 언제 또 외국 사람에게 주문을 해 보겠어요? 비싼 커피 값에 영어 회화 수업료가 포함되었다고 생각하고 이 책에 나오는 표현들을 써먹어 보세요.

03
남과 비교하지 마세요

외국 사람과 영어를 하면 괜찮은데 한국 사람이 옆에 있으면 영어가 잘 안된다고 하는 분들이 있어요. 나의 영어가 문법에 맞는지, 혹은 단어를 적절히 쓰고 있는지 의식하다 보니 영어 쓰기가 불편해지는 거죠. 학창 시절 우리는 남들과의 경쟁에서 이기기 위해 영어 공부를 했어요. 이제 학교를 졸업했으니 남과 비교하는 영어가 아니라 나를 위한 영어를 하세요. 여행을 즐길 수 있는 영어면 충분해요. 그리고 친한 친구라도 남의 영어 실력을 평가하는 발언은 삼가도록 하세요. 여행지에서 평가받는 걸 좋아하는 사람은 없어요.

04
짧게 대답하세요

질문에 대답할 때는 단답형으로 짧게 하는 게 좋아요. 대답은 빠른 정보 전달이 핵심인데 정확하지 않은 발음으로 장황하게 말을 하면 원어민들이 중요 정보를 놓칠 수도 있거든요. 인원을 물어보면 숫자만, 행선지를 물어보면 장소만 말해도 괜찮아요. 대답이 아니라 질문이나 부탁, 주문 등 여러분이 먼저 대화를 시작하는 경우는 얼마든지 하고 싶은 말을 머릿속에서 정리해서 말을 할 수 있어요.

05
교과서 발음은 잊으세요

현지 원어민은 영어 교과서에 나오는 발음이나 속도로 말하지 않아요. 또한 영어가 모국어가 아닌 사람들도 많고 인종과 지역에 따라 말투가 다르기도 하죠. 그래서 영어 듣기 점수가 높은 사람들도 막상 외국에 가면 못 알아들을 때가 많아요. 그렇다고 해서 너무 당황하지 마세요. 영어 듣기에서 배운 것은 '모의 훈련'이었고 여러분은 이제야 '실전 영어'가 난무하는 현장에 투입이 된 것이니까 못 알아듣는 게 당연해요. 무슨 말인지 모르겠으면 다시 천천히 말해 달라고 이야기하세요. 여행을 하다 보면 서서히 들리기 시작하니까 여유롭게 생각하세요.

06
스몰 토크
하세요

현지인들은 처음 만나는 사람과도 이런저런 이야기를 나누는 게 자연스러운 일이에요. 이를 '스몰 토크(small talk)'라고 하는데, 낯선 사람과의 대화를 즐기지 않는 우리에게는 부담스러운 문화일 수 있죠. 억지로 스몰 토크를 하는 상황을 만들지는 않더라도 자연스럽게 몇 마디 대화를 나누는 상황을 피하지는 마세요. 영어가 짧아서 대화가 어색하면 자연스럽게 끝내면 되고, 그렇지 않으면 공통의 화제를 찾으면서 계속 대화를 이어 나가는 거예요. 만일 상대방이 스몰 토크를 하려는데 여러분이 아무 반응을 보이지 않으면 무안해할 수도 있어요. 스몰 토크는 목적 없는 대화이니까 편안하게 몇 마디라도 해 보세요.

07
패턴을
익혀 두세요

주문할 때, 무언가를 요청할 때, 강하게 주장할 때 등 상황에 맞게 쓸 수 있는 패턴을 익혀 두고 단어만 끼워 넣도록 하세요. 실제 여행을 하면서 쓰는 말은 한정적이기 때문에 많은 패턴을 암기할 필요도 없어요. 또한 가게나 식당에서 내가 평소에 자주 쓰는 한국말 표현은 영어로 어떻게 말하는지 미리 알아 두면 답답하지 않은 여행을 즐길 수 있어요.

08
미리
준비하세요

기말고사 영어 시험은 벼락치기로 준비할 수 있지만, 여행 영어는 그렇게 할 수 없어요. 여행 일정을 계획하면서 영어 공부도 함께 하도록 하세요. 이 책이 1, 2권으로 구성되어 있는 이유도 2권으로 여행 전에 미리 공부를 하고 현지에서는 1권을 가지고 다니면서 공부한 것을 써먹게 하기 위함이에요. 미리 공부한 표현이 현지에서 통할 때 느끼는 희열은 맨해튼의 야경을 보는 것만큼 짜릿하답니다.

09
문화적인
차이를
알아 두세요

해외여행을 하다 보면 현지인들의 눈총을 받는 행동을 하는 사람을 가끔 목격하게 돼요. 한국에서는 용납이 되지만 서양에서는 무례한 것으로 여겨지는 행동들이 있는데, 그걸 모르고 있으면 한순간에 매너 없는 사람이 되는 거죠. 여행 전에 영어 공부를 하면서 현지에서 지켜야 할 공공예절이나 문화적인 차이도 함께 알아 두세요. 이 책에서 문화와 관련된 정보를 자세하게 소개하고 있으니 그냥 지나치지 말고 꼭 읽어 보세요.

10
계속
영어를
공부하세요

여행을 마치고 돌아오는 비행기에서 '영어 공부 열심히 해야지!' 하고 생각하는 분들이 많을 거예요. 영어를 잘하면 여행을 제대로 즐길 수 있다는 사실을 깨달았기 때문에 이런 결심을 하게 되지만 막상 일상으로 돌아가면 이를 지키는 분들이 많지 않아요. 결심이 섰다면 당장 실천하세요. 전화 영어도 좋고 영어 유튜브도 좋아요. 미드로 공부해도 되고 스터디를 꾸려도 괜찮아요. 영어 공부는 방법이 중요한 게 아니라 꾸준히 하겠다는 마음이 중요해요. 내년에 다시 뉴욕을 방문하는 비행기에서 멋진 외국 사람과 '스몰 토크'를 즐기고 있는 나의 모습, 더 이상 꿈이 아닐 수 있어요.

한번 알면 꽤 써먹는
입국 시 유의사항

01 줄 서기

미국 시민, 영주권자가 서는 줄과 관광객이 서는 줄은 달라요. 관광객은 Foreign Passport Holders 혹은 Non-US Citizens라고 적힌 곳에서 줄을 서야 해요. 줄을 서 있는 동안 입국 시 필요한 서류를 준비해 두세요. 여권에 서명이 되어 있는지 확인하고 케이스가 있다면 빼 주세요. 입국 심사에 필요할 수 있으니 출국 항공권과 호텔 예약 사항 등의 출력물을 준비해 두세요. 낯선 사람이 짐을 들고 가 달라고 부탁하면 반드시 거절하세요.

02 출입국 신고 및 세관 신고

미국, 영국, 호주, 캐나다 등의 국가에서는 예전처럼 종이 양식으로 된 출입국 신고서를 따로 작성하지 않아요. 미국, 캐나다에서는 무인 출입국 신고 키오스크(Kiosk)를 통해서 출입국 신고와 세관 신고를 해요. 본인에 관한 정보를 터치스크린으로 입력하는데, 한국어 안내도 있으니 영어에 자신이 없다면 이를 이용하도록 하세요. 입력을 완료하고 사진을 찍은 후에는 종이 하나가 출력이 되는데, 이를 입국 심사관에게 여권과 함께 제시하세요.

03 입국 심사

미국의 입국 심사는 까다롭기로 유명하죠. 영어를 잘하는 사람들도 취조받는 분위기에 당황해서 제대로 말을 하지 못하는 경우도 있어요. 하지만 다음과 같은 기본 사항만 지킨다면 무사히 입국 심사를 마칠 수 있어요.

❶ 당황하지 말자

대부분의 심사관들은 친절한 말투로 말하지 않아요. '압박 면접'을 하는 면접관들처럼 표정을 숨기고 여러 질문을 던지는데, 그 말투와 속도가 영어 교과서에서 접하던 것과 달라서 당황할 수 있어요. 이들의 말투는 직업상 그런 것이니까 미리 겁먹을 필요는 없어요. 간혹 냉담한 분위기를 풀기 위해서 스몰 토크나 농담을 하려는 분들도 있는데, 이는 입국 심사를 더 힘들게 할 수 있어요. 입국 심사는 '친구 사귀기'가 아니라 '무사히 통과'가 목적이에요.

❷ 예상 질문에 대답하는 연습을 하자

입국 심사관들의 질문에 대답하는 연습을 미리 해 두세요. 몇 개의 단어만 듣고도 어떤 질문인지 대충 파악하고 주저 없이 대답할 수 있을 정도의 연습이 필요해요. 입국 심사관들이 하는 대표 질문과 대답 방법을 다음 페이지에 실어 두었어요. 심사장에서는 스마트폰 번역기를 쓸 수 없으니 비행기에서라도 미리 연습해 두세요.

❸ 사실만 말하자

있는 그대로만 말하세요. 꾸며서 말하거나 거짓말을 해서 들통이 나면 입국이 거부될 수도 있어요. 물어본 질문에 해당하는 사실만 말하고 정보를 추가해서 말하지 마세요. 심사관이 그에 대해 세부적인 질문을 할 수도 있으니까요.

❹ 서류를 준비하자

호텔 예약 서류, 출국 항공권, 친구·친척 등의 연락처 등을 미리 준비해 두었다가 질문이 나올 때 보여 주면 심사를 신속하게 마칠 수 있어요.

❺ 시간이 오래 걸릴 수도 있다

입국 심사는 '심사관'에 따라 달라요. 질문 한두 개로 끝내는 심사관도 있고, 여러 가지를 꼬치꼬치 캐묻는 심사관도 있을 수 있어요. 질문이 많아진다고 해서 기분 나빠하거나 불안해하지 말고 있는 그대로 답변하도록 하세요. 입국 심사는 오래 걸릴 수 있기 때문에 다음 항공편의 환승 시간을 넉넉하게 잡도록 하세요.

❻ 한국어 통역관도 있다

한국 관광객이 자주 드나드는 공항에는 한국어를 할 수 있는 심사관도 있으니까 말이 통하지 않는다고 생각되면 Do you have a Korean translator?[두유 해버 코리언 추랜슬레이터]라고 물어보세요.

입국 심사 예상 질문 및 모범 답변

What's the purpose of your visit? 방문 목적이 무엇인가요? [왓츠 더 펄퍼스 옵 유어 비짓]	**Sightseeing.** 관광입니다. [싸잇씨잉]
How long are you staying? 얼마 동안 머무릅니까? [하우 롱 아 유 스테잉]	**For 10 days.** 10일 동안이요. [포 텐 데이즈]
Who are you traveling with? 누구와 여행합니까? [후 아 유 츄래블링 윗]	**With my friend.** 친구와 합니다. [윗 마이 프렌드]
Where are you going? 어디로 가는 건가요? [웨어 아 유 고잉]	**New York and Boston.** 뉴욕과 보스턴이요. [뉴욕 앤 보스턴]
What do you do in Korea? 한국에서 직업이 무엇입니까? [왓 두유 두 인 코리아]	**I'm a web designer.** 웹 디자이너입니다. [암 어 웹 디자이너]
How much money do you have? 돈은 얼마나 소지하고 있나요? [하우 머취 머니 두유 햅]	**About 800 dollars.** 약 800 달러 있습니다. [어바웃 에잇 헌드렛 달러즈]
Do you have anything to declare? 신고할 물품이 있습니까? [두유 햅 애니띵 트 디클레어]	**No, I don't.** 아니요, 없습니다. [노우, 아이 돈]

03 어려울 때 도움되는
쉽고 간편한 여행 APP

01 길 찾기

(1) 구글 맵스 (Google Maps) 🗺️ 뉴욕 MoMA에서 Whitney Museum of American Art까지 가는 길 찾기

❶ 앱스토어로 들어가 '검색'을 누릅니다.

❷ 검색창에 'google maps'를 검색합니다.

❸ 다운로드 모양의 아이콘 '받기'를 눌러 받습니다.

❹ 구글 맵에 들어 가서 가야 할 위치를 누릅니다.

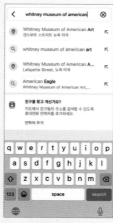

❺ 현재 장소(MoMA)와 도착 할 곳(Whitney Museum of American Art)을 입력합니다.

❻ 지하철 모양의 아이콘은 대중교통, 걸어가는 사람 모양은 도보, 택시를 잡는 사람 모양은 택시 이동을 나타냅니다. 대중교통으로 가장 빠른 길을 안내합니다.

❼ 우버 서비스를 이용해야 한다면 참고합니다.

❽ 대중교통으로 가는 길을 알려 줍니다. 보고 싶은 단계를 선택하면 그 부분의 상세 경로를 보여 줍니다.

❾ 도보 시 지도 화면을 터치하면 지도를 바로 확인할 수 있습니다.

(2) 오프라인 지도 구글맵스(Google Maps), 맵스미(MAPS.ME)

❶ 다운로드하고 싶은 지역을 검색한 후 하단에서 '오프라인 지도 다운로드'를 선택합니다.

❷ 필요한 지역을 지정한 후에 다운로드 하시면 됩니다. 사용시에 메뉴에서 '오프라인 지도'로 들어가서 사용하시면 됩니다.

❸ 오프라인 지도를 다운할 수 있는 앱입니다. 구글맵스와 함께 사용하시면 됩니다.

(3) 우버 (Uber)

  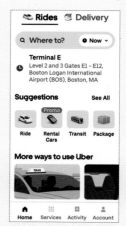

❶ 택시와 같은 차량 예약 이용 서비스입니다. ❷ 목적지를 설정하면 예상 요금을 알 수 있어서 합리적인 예산 안에서 사용 가능합니다. ❸ 기사의 사진, 차량 정보, 실시간 위치까지 검색 가능합니다. ❹ 신용카드로 결제하여 팁을 따로 낼 필요가 없습니다.

(4) 리프트 (Lyft)

 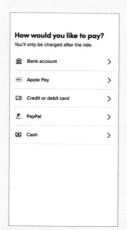 

❶ 우버와 같은 서비스를 제공하는 택시와 같은 차량 예약 이용 서비스입니다. ❷ 기다리는 시간을 기준으로 가격 옵션을 선택할 수 있습니다. ❸ 우버와 거의 같은 방식으로 운영되고 뉴욕에서는 대여자전거(Citibike)를 이용할 수 있습니다. ❹ 미리 카드 등을 등록해서 우버와 같이 쓰면 좋습니다.

(5) Waze

❶ 미국에서 가장 많이 사용하는 운전 내비게이션 앱입니다. ❷ 도로에 떨어진 물건, 갓길 차량, 교통사고, 잠복 경찰 안내 등 실시간으로 도로 상황을 안내합니다. ❸ 사용 방법은 구글 맵(Google Maps)과 유사한데, 거리 단위를 피트(Feet)나 마일(Mile)에서 미터(Meter)나 킬로미터(Kilometer)로 변환할 수도 있습니다.

02 외국어

(1) 파파고 (Papago)

❶ 번역하고자 하는 내용을 마이크를 통해 말하면 음성을 인식하여 실시간으로 번역합니다. ❷ 외국인과의 1:1 대화가 필요한 상황에서 내가 말하는 내용을 상대방의 언어로 번역, 상대방이 해당 언어로 말하면 나의 언어로 번역하여 각자의 언어로 대화가 가능합니다. ❸ 이미지 번역은 이미지를 카메라로 찍어서 문지르면 해당 글자의 번역이 가능합니다. ❹ 문자 번역은 문자를 입력하여 번역하는 기능입니다. ❺ '글로벌 회화' 메뉴에서 상황별 회화문을 찾아볼 수 있고, 오프라인 상태에서도 사용이 가능합니다. ❻ 휴대폰 카메라를 이용해 텍스트나 이미지 등을 실시간으로 번역할 수 있습니다.

(2) 구글 번역

❶ 음성 혹은 문자 입력으로 103개 언어를 번역합니다. ❷ 텍스트를 사진으로 찍어서 37개의 언어로 번역합니다. ❸ 손가락으로 표기하거나 문자를 그려서 번역합니다. ❹ 인터넷에 접속하지 않은 상태에서도 번역 사용이 가능합니다.

(3) 네이버 영어 사전

❶ 모르는 단어가 나왔을 때 긴급하게 찾아볼 수 있도록 사전을 꼭 다운로드해 두세요. ❷ 스피커를 누르면 원어민의 발음을 확인할 수 있습니다. ❸ 검색한 단어는 '나만의 단어장'으로 만들어서 영어 공부를 할 때 활용할 수도 있습니다.

(4) Chat GPT

❶ OpenAi에서 개발한 AI 언어 모델입니다. ❷ 기본적으로 한글로 검색하면 영어로 번역이 되고 구체적인 정보를 넣으면 더 자세한 결과를 알려줍니다. ❸ 언어 AI이지만 광범위한 정보에 기반한 앱이기 때문에 다른 앱들보다 좀 더 종합적인 정보를 얻을 수 있습니다. 예를 들어 나만의 여행 일정이나 여행 중 필요한 정보를 얻을 때도 충분히 활용이 가능합니다.

(5) 딥엘 (Deepl)

❶ 현존하는 가장 정확한 AI기반 번역기로 실제 사람들이 쓰는 자연스러운 언어로 결과를 보여줍니다. ❷ '한영', '영한'을 자유롭게 오가며 쓸 수 있습니다. ❸ 이미지, 사진 촬영 실시간 번역 등 다양한 방식의 서비스를 제공합니다.

03 기타

(1) Currency

❶ 여러 나라의 환율을 실시간으로 계산해 주는 앱입니다. ❷ 원하는 나라의 환율을 추가하고 삭제할 수 있습니다. ❸ 과거 환율의 추이도 확인해 볼 수 있습니다.

(2) Unit Converter

❶ 길이, 부피, 온도, 속도 등의 외국 단위를 우리에게 친숙한 단위로 변환해 주는 앱입니다. ❷ Length: 인치(Inch), 피트(Feet), 마일(Mile) 등의 단위를 센티미터(Centimeter), 미터(Meter) 등으로 변환합니다. ❸ Temperature: 화씨(Fahrenheit)를 섭씨(Celsius)로 변환합니다. ❹ Volume: 온스(Ounce), 갤런(Gallon) 등을 밀리리터(Milliliter), 리터(Liter)로 변환합니다. 실시간으로 계산해 주는 앱입니다.

(3) Amtrak, Greyhound 등의 대중교통 앱  (4) Yelp

❶ 미국 철도 Amtrak, 고속버스 Greyhound와 같은 앱을 활용하면 매표소를 거치지 않고 바로 승차권을 구입할 수 있습니다. ❷ 앱이 승차권 역할을 하므로 종이 승차권을 출력하는 번거로움을 줄일 수 있습니다.

❶ 주변 맛집 검색에 최적화된 앱입니다. ❷ 리뷰가 좋은 맛집부터 가성비가 좋은 곳까지 원하는 취향대로 맛집을 찾을 수 있습니다. ❸ 전화를 하지 않고도 예약을 할 수 있으므로 전화 영어가 힘든 분들에게 안성맞춤입니다

(5) 해외안전여행

❶ 위기상황 대처 매뉴얼입니다. ❷ 여행 경보 제도가 나옵니다. ❸ 현재 위치, 공관 위치 찾기가 나옵니다.(170개 공관 주소, 전화번호 등) ❹ 신속해외송금제도, 여권, 비자 정보 등을 볼 수 있습니다.

◆ 미국 여행, 이 기간은 피하자!

현지인들의 휴가 기간에 여행을 하면 항공료와 숙박료 등이 비싸지기 마련이죠. 또 교통이 막힐 수도 있고, 인파에 밀려 제대로 구경을 못할 수도 있어요. 다음과 같은 미국인들의 휴가 기간을 참고해서 여행 계획을 세워보세요.

- 3월 말~4월 초: 약 1~2주 정도의 봄방학 기간이에요. 주, 학교마다 약간의 차이가 있긴 하지만 이때 관광지는 청춘을 즐기는 대학생들로 새벽까지 북적입니다.
- 5월 넷째 주말: 5월의 마지막 월요일은 현충일(Memorial Day)이에요. 여름의 시작이라고 생각해서 많은 사람들이 짧은 여행을 계획하죠.
- 7월 첫째 주말: 7월 4일은 미국의 독립 기념일(Independence Day)이에요. 그리고 7, 8월은 여름 방학 기간이라 해변 등의 관광지는 항상 사람들로 북적이죠.
- 9월 초: 9월의 첫 월요일은 노동자의 날(Labor Day)이에요. 일반적으로 다음 날부터 신학기가 시작되기 때문에 여름의 끝을 즐기려는 사람들이 많아요.
- 11월 넷째 주 수요일~일요일: 미국 사람들이 가장 많이 이동한다는 추수감사절(Thanksgiving Day) 기간이에요. 고속도로와 공항은 평소보다 두세 배로 복잡하답니다.
- 12월 24일~1월 1일: 크리스마스에서 1월 1일까지 학교가 짧은 겨울 방학을 해요. 미국에서 1월 1일은 공휴일이에요.

PART 4

이 정도는
알아야
살아남는다!

01 ## How are you? [하우 아 유]
안녕하세요.

외국 사람들은 처음 만나는 사람과 눈이 마주치면 Hello[헬로우]나 Hi[하이] 대신 How are you?라고 인사하기도 해요. 이때는 '잘 지내니?'라는 의미라기보다는 '안녕하세요'처럼 가벼운 인사로 하는 말이에요. 대답은 Good. Thanks.[굿 땡스] 정도로 짧게 하세요.

유사표현 **How are you doing?**[하우 아 유 두잉] / **How's it going?**[하우즈 잇 고잉]

02 ## My pleasure. [마이 플레져]
천만에요.

상대편이 Thank you.[땡큐]라고 감사를 표현한 경우, '천만에요'라는 의미로 My pleasure.[마이 플레져]라고 하세요. 중학교 때 배웠던 것처럼 You're welcome.[유어 웰컴]이라고 해도 좋아요.

유사표현 **You're welcome.**[유어 웰컴] / **No problem.**[노우 프라블럼]

03 ## Have a good day! [해버 굿 데이]
안녕히 계세요!

식당에서 돈을 낸 뒤, 혹은 가게에서 물건을 사고 나오면서 인사말로 자주 쓰는 표현이에요. 만일 직원이 먼저 Have a good day!라고 하면 You too![유 투]라고 말하세요. 저녁이나 밤에는 Have a good night![해버 굿 나잇]이라고 해 주세요.

유사표현 **Have a good one!**[해버 굿 원]

04 That's okay. [댓츠 오우케이]

괜찮아요.

상대방이 I'm sorry.[암 쏘리] 혹은 My apologies.[마이 어팔러쥐즈]라고 하면서 미안함을 표현할 때는 쿨하게 That's okay.[댓츠 오우케이]라고 말하세요. 그래도 계속사과한다면 I'm fine.[암 파인] No problem.[노우 프라블럼] 등의 말을 붙여도 됩니다.

유사표현   It's okay.[잇츠 오우케이]

05 I'm sorry? ↗ [암 쏘뤼↗]

네?

상대방의 말을 제대로 못 들었을 때 사용할 수 있는 표현으로, I'm을 생략하고 그냥 Sorry?[쏘뤼↗]라고만 해도 돼요. 이때 반드시 sorry의 끝을 올려서 말해야 '네?', '다시 말씀해 주시겠어요?'라는 의미가 됩니다. 끝을 내리면 '미안합니다'라는 뜻이에요.

유사표현   Excuse me?[익쓰큐즈 미] / Say that again?[쎄이 댓 어겐]

06 What's Happy Hour? [왓츠 해피 아우어]

해피 아워가 무슨 뜻이에요?

What's _____?[왓츠 _____]는 잘 모르는 것을 접했을 때 '~가 뭐예요?'라는 의미로 물어보는 표현이에요.

유사표현   What does Happy Hour mean?[왓 더즈 해피 아우어 민]

07 I'm from Korea. [암 프럼 코리아]

한국 사람이에요.

I'm from _____.[암 프럼 _____]은 출신지를 말할 때 쓰는 표현이에요. 한국은 South Korea[싸우뜨 코리아]라고도 쓸 수 있습니다. Republic of Korea[리퍼블릭 오브 코리아]는 여권 등의 공식 서류에 쓰는 표현이라서 회화에서 쓰면 다소 어색할 수 있습니다.

유사표현 **I'm Korean.**[암 코리언]

08 Would you speak slowly, please?

천천히 말씀해 주시겠어요? [우쥬 스픽 슬로울리 플리즈]

현지 사람들은 여러분을 위해서 특별히 천천히 말하지 않아요. 말의 속도가 너무 빨라서 중요한 정보를 놓칠 것 같으면 주저하지 말고 상대방에게 이렇게 요청해 보세요.

유사표현 **Say that again, please?**[세이 댓 어겐 플리즈]

09 Here it is. [히어 잇 이즈]

여기 있어요.

상대방이 신분증 등을 요청하거나 무언가를 달라고 할 때 직접 건네면서 '여기 있어요'라는 의미로 쓰는 표현이에요.

유사표현 **Here you are.**[히어 유 아]

10 Are you in line? [아 유 인 라인]

줄 서신 건가요?

상대방이 줄을 선 것인지 아니면 그냥 서 있는 것인지 물어보고 싶을 때 쓰는 표현이에요. 지금 내가 줄을 서 있는 것이라고 말하고 싶을 때는 I'm in line.[암 인 라인]이라고 하세요.

유사표현 **Are you waiting in line?**[아 유 웨이팅 인 라인]

11 Go ahead. [고우 어헤드]

먼저 하세요.

상대방에게 먼저 하라고 양보할 때 제일 많이 쓰는 표현이에요. 상대방이 이 표현을 쓰면서 양보를 해 줄 때는 꼭 Thank you.[땡큐] 하고 감사 인사 하는 것을 잊지 마세요.

유사표현 **After you.**[애프터 유]

12 May I ask you something? [메아이 애스큐 썸띵]

뭐 좀 물어봐도 될까요?

상대에게 무언가를 물어보고 싶을 때 쓰는 표현이에요. 용건을 단도직입적으로 물어보면 다소 무례할 수 있으니 이렇게 말하면서 허락을 구하는 거죠. 상대가 Sure.[슈어], Go ahead.[고우 어헤드] 등으로 대답하면 질문을 이어 가도록 하세요.

유사표현 **May I ask you a question?**[메아이 애스큐 어 퀘스쳔]

13 I'm just visiting. [암 저슷 비지팅]

관광객이에요.

관광객인 나에게 현지에 대한 질문을 하거나 멤버십 카드를 만들라는 등의 요청을 할 때는 현지 사람이 아니라는 의미로 이렇게 말하도록 하세요.

유사표현 I'm a visitor.[암 어 비지터]

14 That's not what I ordered. [댓츠 낫 왓 아이 오덜드]

제가 주문한 게 아니에요.

식당 등에서 내가 주문한 것과 다른 것이 나왔을 때 항의하는 의미로 쓸 수 있는 표현이에요.

유사표현 That's not my order.[댓츠 낫 마이 오더]

15 Can you send someone to my room, please? [캔유 센 썸원 투 마이 룸 플리즈]

제 방으로 누구 좀 보내 주시겠어요?

호텔 방에서 무슨 일이 있을 때 '사람 좀 보내 주세요'라는 의미로 사용하는 표현이에요. 아주 긴급한 상황에서 누군가의 도움을 받아야 한다면 I need someone now![아이 닡 썸원 나우]라고 하세요.

유사표현 I need someone in my room.[아이 닡 썸원 인 마이 룸]

16 Would you take a picture for us, please?

사진 좀 찍어 주시겠어요?　　　　　　　　**[우쥬 테이커 픽쳐 포 어스 플리즈]**

Picture, please.[픽쳐 플리즈]라고 말하면서 카메라를 들이대도 사진을 찍어 달라는 요청이 되지만, 좀 더 공손하게 요청을 하고 싶으면 이렇게 말하도록 하세요. '같이 사진 찍어도 될까요?'는 Would you take a picture with us?[우쥬 테이커 픽쳐 위더스]라고 합니다.

유사표현　　**Do you mind taking a picture for us?**[두유 마인 테이킹 어 픽쳐 포 어스]

---

17 I'm just browsing.　　　　　　　**[암 저슷 브라우징]**

그냥 둘러보는 거예요.

가게에서 점원이 '도와드릴까요?'라는 의미로 How can I help you?[하우 캐나이 헬퓨]라고 물어볼 때 특별히 찾는 물건이 있는 게 아니라 둘러보는 거라고 말하는 표현이에요.

유사표현　　**I'm just looking around.**[암 저슷 루킹 어라운드]

---

18 No onion, please.　　　　　　**[노우 어니언 플리즈]**

양파는 빼 주세요.

음식을 주문할 때 어떤 재료를 빼 달라고 하고 싶으면 No _____, please. [노우 _____ 플리즈]라고 하세요. 반대로 어떤 재료를 추가로 넣고 싶다면 Can you put extra _____?[캔유 풋 엑스트라 _____]라고 하면 됩니다.

유사표현　　**Hold the onion, please.**[홀 디 어니언 플리즈]

19

What's the most popular dish?

가장 인기 있는 메뉴가 뭐예요?　　　　　　　　　**[왓츠 더 모스트 파퓰러 디쉬]**

그 식당에서 가장 유명한 음식을 먹어 보고 싶다면 이 표현을 사용하세요. 그것을 주문하겠다고 말할 때는 I'd like to order that.[아읻 라잌트 오더 댓]이라고 하세요.

유사표현　**I want to try the most popular dish.**[아이 원트 츄라이 더 모스트 파퓰러 디쉬]

20

Do you have something for jet lag?

시차 적응 약 있나요?　　　　　　　　　　　　　**[두유 햅 썸띵 포 젯 렉]**

Do you have something for ＿＿＿＿＿?[두유 햅 썸띵 포 ＿＿＿＿＿]는 약국에서 약을 살 때 쓸 수 있는 표현으로, for 뒤에 병명을 넣어 말하면 됩니다. 참고로 두통은 headache[헤드에익], 복통은 stomachache[스토먹에익], 설사는 diarrhea[다이아리어], 인후통은 sore throat[쏘어 뜨롯]이라고 해요.

유사표현　**Can I get something for jet lag?**[캐나이 겟 썸띵 포 젯 렉]

21

Where's a pharmacy nearby?

근처에 약국이 어디 있나요?　　　　　　　　　**[웨얼즈 어 파머시 니얼바이]**

Where's a/an ＿＿＿＿＿ nearby?[웨얼즈 어/언 ＿＿＿＿＿ 니얼바이]는 '근처에 ~가 어디 있나요?'라는 의미로 자주 쓰는 패턴이에요.

유사표현　**Where's the nearest pharmacy?**[웨얼즈 더 니어리스트 파머시]

22 Is a passport okay? [이즈 어 패스폴트 오우케이]

여권도 되나요?

상대방이 신분증을 요구할 때 여권으로 신분을 증명할 수 있는 건지 물어보는 말이에요. 참고로 사진이 붙어 있는 신분증은 photo ID[포토 아이디]라고 해요.

유사표현 **I have a passport.**[아이 해버 패스폴트]

23 I'm locked out of my room. [암 락트 아우롭 마이 룸]

문이 잠겼어요.

호텔에서 키를 가지고 나오지 않아서 방에 들어갈 수 없을 때 직원에게 할 수 있는 말이에요. 만일 키를 잃어버렸다면 I lost my key.[아이 로스트 마이 키]라고 말하세요.

유사표현 **I locked myself out of my room.**[아이 락트 마이쎌프 아우롭 마이 룸]

24 I'd like to change my ticket.

표를 변경하고 싶은데요. [아일 라익트 체인지 마이 티켓]

기차, 비행기, 공연 등의 일정을 변경하고 싶을 때 사용하는 표현이에요. 만일 표를 취소하고 싶다면 I'd like to cancel my ticket.[아일 라익트 캔슬 마이 티켓]이라고 하세요.

유사표현 **I want to change my ticket.**[아이 원트 체인지 마이 티켓]

25 Is this on sale?

[이즈 디스 온 세일]

이거 세일하나요?

세일하는 제품인지 아닌지 확인하고 싶을 때 쓰는 표현이에요. '할인해 주실 수
있나요?'라고 물어보고 싶다면 Do you offer a discount?[두유 오퍼 어 디스카운]라
고 하세요.

유사표현   Is this marked down?[이즈 디스 말크트 다운]

26 Do you go to Times Square?

타임스 스퀘어 가나요?   [두유 고트 타임스퀘어]

운전사에게 '~에 가나요?'라고 행선지를 물어볼 때는 Do you go to _____?[두
유 고트 _____] 패턴을 사용하세요.

유사표현   Are you heading for Times Square?[아 유 헤딩 포 타임스퀘어]

27 Can you keep my luggage?

[캔유 킵 마이 러기쥐]

가방을 보관해 주실 수 있나요?

큰 여행 가방을 가지고 다니기 곤란할 때 호텔 직원에게 부탁하는 말이에요. Can
you _____?[캔유 _____] 혹은 Would you _____?[우쥬 _____]는 상대방
에게 무언가를 공손하게 부탁할 때 자주 쓰는 패턴이니 꼭 알아 두세요.

유사표현   Would you keep my luggage?[우쥬 킵 마이 러기쥐]

28   I missed my connecting flight.

환승 비행기를 놓쳤어요.   [아이 미스트 마이 커넥팅 플라잇]

connecting flight[커넥팅 플라잇]은 '환승 항공편'이란 뜻이에요. 해외여행에서는
자주 발생할 수 있는 일이니 꼭 알아 두도록 하세요.

유사표현   **I missed my flight.**[아이 미스트 마이 플라잇]

29   Take my wallet. Just let me go.

지갑 가져가세요. 그냥 보내 주세요.   [테익 마이 월릿 저슷 렛 미 고]

만일의 경우 강도를 만나게 된다면 겁을 주거나 싸우려고 하지 말고 이렇게 말하
는 게 가장 좋은 방법이에요. 이런 표현을 쓸 일이 없도록 늦은 시간이나 사람이
드문 곳으로는 가급적 다니지 마세요.

유사표현   **Take it all. Let me go.**[테이킷. 올 렛 미 고]

30   I can't speak English well.

영어 잘 못해요.   [아이 캔트 스픽 잉글리쉬 웰]

영어로 몇 마디 했더니 갑자기 엄청난 속도로 폭풍 영어를 쏟아내는 현지 사람들
에게 쓸 수 있는 말이죠. 이제는 No English![노우 잉글리쉬]라고 하지 마세요.

유사표현   **My English is not that good.**[마이 잉글리쉬 이즈 낫 댓 굿]

01 **요일**

월요일	Monday [먼데이]	화요일	Tuesday [튜즈데이]
수요일	Wednesday [웬즈데이]	목요일	Thursday [떨즈데이]
금요일	Friday [프라이데이]	토요일	Saturday [쌔러데이]
일요일	Sunday [썬데이]	평일	weekday [윅데이]
주말	weekend [위켄드]	공휴일	holiday [헐리데이]

02 **월**

1월	January [재뉴어리]	2월	February [페브뤄리]
3월	March [마알취]	4월	April [에이프릴]
5월	May [메이]	6월	June [쥬운]
7월	July [쥴라이]	8월	August [어거스트]
9월	September [셉템버]	10월	October [악토버]
11월	November [노벰버]	12월	December [디셈버]

03 **일**

날짜는 1일(first), 2일(second), 3일(third)을 제외하고 숫자 뒤에 -th를 붙여서 읽어요. 단, 21일은 twenty oneth가 아니고 twenty first[투웨니 펄스트], 22일은 twenty second[투웨니 쎄컨]이라고 해요.

1일	**first** (1st) [펄스트]	2일	**second** (2nd) [쎄컨]

3일	third (3rd) [떨드]	31일	thirty first (31st) [떠리 펄스트]
5일	fifth (5th) [핍뜨]	11일	eleventh (11th) [일레븐뜨]
7월 9일	July ninth [쥴라이 나인뜨]	5월 10일	May tenth [메이 텐뜨]

04 시간

❶ 여러분이 알고 있는 영어 숫자를 시각과 분으로 구별해서 읽어 주세요. 그리고 오전, 새벽, 아침이면 a.m., 오후, 저녁, 밤이면 p.m.을 붙이는 것도 좋아요.

3:27	three twenty seven [뜨리 트웨니 쎄븐]	5:10	five ten [파입 텐]
오전 11:30	eleven thirty a.m. [일레븐 떠리 에이엠]	저녁 9:45	nine forty five p.m. [나인 포리 파입 피엠]

❷ 우리말로 1분을 공일(01)분이라고 말하기도 하잖아요. 영어에서도 0을 살려서 말하는 경우가 많아요. 이때 0은 zero라고 하지 않고 알파벳 O[오]라고 읽어요.

11:01	eleven o one [일레븐 오 원]	12:04	twelve o four [트웰브 오 포]
3:09	three o nine [뜨리 오 나인]	4:04	four o four [포 오 포]

05 돈

❶ 미국 동전들은 이름이 있어요. 가령 5센트 동전은 five cent coin이라고 하지 않고, nickel이라고 불러요. 지폐는 따로 부르는 이름이 없어요. 지폐는 영어로 bill이라고 하는데, 10달러 지폐는 그냥 ten dollar bill, 100달러 지폐는 100 dollar bill이라고 부르죠.

1센트 동전	penny [페니]	5센트 동전	nickel [니클]
10센트 동전	dime [다임]	25센트 동전	quarter [쿼럴]
지폐	bill [빌]		

❷ 미국의 화폐 단위는 달러(dollar[달러])예요. 5달러는 five dollars[파입 달러즈], 10달러는 10 dollars[텐 달러즈]라고 하죠. 그런데 dollar 대신에 buck[벅]이라는 단어도 많이 써요. buck 역시 '달러'라는 뜻으로 5달러를 five bucks[파입 벅스], 10달러를 10 bucks[텐 벅스]라고 부르기도 해요.

❸ 10달러 55센트는 영어로 어떻게 말할까요? ten dollars fifty five cents[텐 달러즈 핍티 파입 센츠]가 정확한 표현이지만 그렇게 말하는 원어민은 별로 없어요. 달러와 센트를 함께 읽을 때는 달러와 센트의 숫자만 나눠서 읽어 주세요. ten fifty five[텐 핍티 파입]처럼 말이죠. dollar나 cent의 단위는 붙이지 않아요. 표기는 10.55처럼 소수점으로 구분합니다. 소수점 이하는 five five라고 하지 않고 십 단위를 살려서 말해 주세요.

9.99	nine ninety nine [나인 나인티 나인]	13.05	thirteen o five [떨틴 오 파입]
50.40	fifty forty [핍티 포티]	31.30	thirty one thirty [떠리 원 떠리]

❹ 100달러는 hundred[헌드렛]을, 1,000달러는 thousand[따우즌]을 붙이는 건 다들 아시죠? 그럼 1,200 달러는 어떻게 말할까요? one thousand two hundred dollars[원 따우즌 투 헌드렛 달러즈]라고 하는 게 정석이지만 twelve hundred dollars[투엘브 헌드렛 달러즈]라고 말하는 원어민도 많아요. 12에 0을 두 개 붙이면 1,200 달러가 되니까 이것도 맞는 거죠.

1,500달러	one thousand five hundred dollars [원 따우즌 파입 헌드렛 달러즈] fifteen hundred dollars [핍틴 헌드렛 달러즈]
1,700달러	one thousand seven hundred dollars [원 따우즌 세븐 헌드렛 달러즈] seventeen hundred dollars [세븐틴 헌드렛 달러즈]

06 기타 숫자 말하기

❶ 호텔 방 번호

호텔 방 번호가 세 자리일 경우에는 세 숫자를 순서대로 읽어 주세요. 가령 221호라면 two two one[투 투 원]이라고 하세요. two hundred twenty one[투 헌드렛 투웨니 원]이라고 하지 않아요. 단, 중간에 0이 붙는 경우에는 'o[오]'라고 발음합니다. 가령 101호라면 one o one[원 오 원]이라고 하고, 301호라면 three o one[뜨리 오 원]이라고 해요. 또는 세 숫자를 한 자리/두 자리 끊어 읽어도 됩니다.

호텔 방 번호가 네 자리일 경우에는 두 자리씩 끊어서 읽어 주세요. 1011호의 경우에는 ten eleven[텐 일레븐], 2213호는 twenty two thirteen[투웨니 투 떨틴]이라고 읽으면 돼요. 중간에 0이 들어가면 'o[오]'라고 발음해 주세요. 1002호는 ten o two[텐 오 투], 1202호는 twelve o two[투웰브 오 투]라고 읽어 주세요.

109호	one o nine [원 오 나인]	1104호	eleven o four [일레븐 오 포]
322호	three twenty two [뜨리 투웨니 투]	1801호	eighteen o one [에이틴 오 원]

❷ 항공명

항공명은 세 자리 호텔 방 번호를 말하는 방식과 동일해요. 알파벳을 읽은 후 세 숫자를 순서대로 읽어 주세요. 그리고 중간에 0이 있다면 'o[오]'라고 읽어 주세요. 항공명이 네 자리 숫자일 경우 두 자리씩 끊어서 읽어도 되고, 네 숫자를 순서대로 읽어도 돼요.

SA125	SA one two five [에쓰에이 원 투 파입]	KA381	KA three eight one [케이에이 뜨리 에잇 원]
FR5991	FR fifty nine ninety one [에프알 핍티 나인 나이니 원]	AA 6229	AA six two two nine [에이에이 씩쓰 투 투 나인]

PART 5

찾아보기,
이것만은
들고 가자!

◆ 꼭 한 번은 겪게 되는 **문화 & 에티켓**

외국인들과 한 공간에서 머물게 되는 첫 관문은 바로 기내입니다. 좁은 곳에서 오래 부대껴야 하기 때문에 기본 에티켓을 챙겨 간다면 서로 쾌적한 여행을 시작할 수 있습니다.

◆ Excuse me.와 I'm sorry.는 자주 말하자

서양에서는 암묵적으로 개인 간의 거리를 두는 경향이 있어요. 약 40cm에서 1m까지 두기도 하는데, 이를 personal distance[퍼스널 디스턴스]라고 부르죠. 그래서 낯선 사람과 신체적인 접촉이 있거나 어쩔 수 없이 지나가야 하는 경우에는 개인의 공간을 침범해서 미안하다는 의미로 Excuse me.[익쓰큐즈 미]나 I'm sorry.[암 쏘뤼]라고 말하는 게 예의예요.

◆ 인종, 성적 취향 등은 언급하지 말자

다양한 인종들이 어우러져 하나의 국가를 이루고 있는 서양에서는 인종과 관련된 발언을 매우 조심해야 해요. 최근에는 인종을 둘러싼 문제들이 종종 일어나고 있기 때문에 많은 사람들이 있는 곳에서는 인종과 관련된 말을 하지 않는 것이 좋아요. 또한 드래그 퀸(drag queen)^{여장 남자}이나 트랜스젠더(transgender)^{성전환자} 등의 성적 취향에 관해서도 처음 보는 사람에게 대놓고 질문하거나 적대적인 발언을 하지 않도록 하세요.

◆ 옆 사람과 대화하고 싶을 때는 공통 주제를 찾자

기내에서 옆 사람과 어색함을 깨고 대화를 하고 싶다면 공통적인 주제를 가지고 말을 해 보세요. 일단 행선지가 동일하니까 그것부터 시작하는 거예요. 뉴욕행 비행기 안에서 "뉴욕 가세요?"라고 물어보는 게 이상한 것 같지만 비행기 안에서는 이게 통한답니다. 그 후에 대화를 이어가다 보면 차츰 교집합처럼 서로 비슷한 것들을 찾게 되는데 그럴 때 크게 공감하며 말을 이어 가는 거예요. 단, 자신의 여행에 대해 너무 자세한 정보를 제공하지는 마세요. 그리고 결혼 유무, 나이 등을 물어보는 것은 실례입니다.

43

Aisle Seat	통로 쪽 좌석
Window Seat	창가 좌석
Life Vest Under Your Seat	좌석 밑에 구명조끼가 있습니다
Fasten Seat Belt While Seated	앉아 있을 때는 안전벨트를 하세요
No Smoking	금연
Return to Seat	자리로 돌아가세요
Lavatory	화장실
Vacant	비어 있음
Occupied	사용 중
Open Door Slowly	문을 천천히 여세요
Flush	변기 물을 내리세요
Electronic Devices OFF	전자기기 사용 금지
Use Your Towel to Wipe off Water Basin	휴지로 세면대를 닦아 주세요
Trash Here	쓰레기는 여기에 버리세요

◆ 꼭 한 번은 말하게 되는 **핵심 문장**

01 **자리**

16B 맞으세요?	**Are you 16B?** [아 유 씩스틴 비]
제 자리에 앉으신 것 같은데요.	**I think you're sitting in my seat.** [아이 띵크 유어 씨팅 인 마이 씻]
제 자리가 16B입니다.	**I'm 16B.** [암 씩스틴 비]
가방을 둘 만한 곳이 있을까요?	**Is there anywhere I can put my bag?** [이즈 데어 애니웨어 아이 캔 풋 마이 백]
윗선반은 꽉 찼어요.	**The overhead compartment is full.** [디 오버헷 컴팔트먼트 이즈 풀]
윗선반이 안 닫혀요.	**The overhead compartment doesn't close.** [디 오버헷 컴팔트먼트 더즌 클로즈]
가방을 꺼내야 해요.	**I need to take out my bag.** [아이 니트 테잌 아웃 마이 백]
저와 자리를 바꿔 주실 수 있나요?	**Can you change seats with me, please?** [캔유 체인지 씨츠 윗 미 플리즈]
죄송하지만 자리를 바꾸고 싶지 않네요.	**Sorry. I don't want to change seats.** [쏘뤼 아이 돈 원트 체인지 씻츠]
자리를 발로 차지 말아 주세요.	**Would you stop kicking my seat?** [우쥬 스탑 키킹 마이 씻]
좌석을 똑바로 해 주시겠어요?	**Do you mind putting your seat back up?** [두유 마인 푸팅 유어 씻 백 업]

02 먹을 것과 마실 것

물 좀 주시겠어요?	**Can I get some water?** [캐나이 겟 썸 워터]
다이어트 콜라 있나요?	**Do you have Diet Coke?** [두유 햅 다이엇 콕]
밥으로 주세요.	**Rice, please.** [라이스 플리즈] 맥주 beer[비어], 땅콩 peanuts[피넛츠], 빵 bread[브레드], 소고기 beef[비프], 닭고기 chicken[치킨], 과일 fruit[프룻]
식사 시간은 언제인가요?	**What time is our meal?** [왓 타임 이즈 아우어 밀]
제가 식사하는 동안에는 좌석을 똑바로 해 주시겠어요?	**Would you put your seat back up while I'm eating?** [우쥬 풋 유어 씻 백 업 와일 암 이팅]

03 기내 용품

소리 좀 줄여 주실래요?	**Would you turn it down?** [우쥬 턴 잇 다운]
펜 좀 써도 될까요?	**May I use your pen?** [메아이 유즈 유어 펜]
헤드폰이 안 돼요.	**The headset doesn't work.** [더 헤드셋 더즌 웍] 리모컨 remote control[리뭇 컨츠롤], 화면 screen[스크린]

| 담요 하나 더 주시겠어요? | **May I get an extra blanket?**
[메아이 겟 언 엑스트러 블랭킷]

신문 newspaper[뉴스페이퍼], 안대 blindfold[블라인폴드],
베개 pillow[필로우] |

04 **화장실**

다른 화장실은 어디에 있나요?	**Where's another restroom?** [웨얼즈 언아더 레스트룸]
화장실 기다리시는 건가요?	**Are you waiting for the restroom?** [아 유 웨이링 포 더 레스트룸]
누가 화장실에서 담배를 피우는 것 같아요.	**I think someone's smoking in the restroom.** [아이 띵크 썸원즈 스모킹 인 더 레스트룸]

05 **기타**

몇 시에 도착하나요?	**What time do we land?** [왓 타임 두 위 랜드]
입국 신고서를 써야 하나요?	**Should I fill out the entry form?** [슈라이 필 아웃 디 엔트리 폼]
면세품을 사고 싶어요.	**I'd like to buy duty-free items.** [아읻 라익트 바이 듀리프리 아이템즈]
두통약이 있을까요?	**Do you have something for a headache?** [두유 햅 썸띵 포러 헤드에익]

◆ 꼭 한 번은 겪게 되는 **문화 & 에티켓**

드디어 외국 땅에 도착했습니다. 함께 비행기를 타고 온 한국 사람들도 뿔뿔이 흩어지고 혼자 혹은 일행과 덩그러니 남게 됩니다. 낯설지만 공항은 가장 안전한 곳이니 마음 편하게 둘러봐도 좋습니다.

◆ 눈이 마주치면 가볍게 인사하자

서양에서는 낯선 사람과 눈이 마주치면 시선을 피하지 않고 간단하게 인사를 해요. 상대방이 Hi.[하이], Good Morning.[굿 모닝]이나 How are you?[하우 아 유]라고 인사를 건네면, 이때는 Good. Thanks.[굿 땡스] 정도로 짧게 대답해 보세요. 또한 처음 보는 사람과도 가볍게 대화를 나누기도 하는데 이를 small talk[스몰 토크]라고 해요. 스몰 토크를 할 때는 날씨나 현재 일어나고 있는 일 등에 대해서 간단하게 말해도 되고, 상대방이 입고 있는 옷 등을 칭찬하는 것도 좋아요.

◆ K-컬처는 실제로 인기가 있다

요즘 외국에 나가면 공항에 내리자마자 한국 문화의 인기를 피부로 느낄 수 있을 거예요. BTS와 같은 K-pop 아이돌 그룹의 콘서트가 순식간에 매진이 되고, 음반 가게에도 K-pop 음반을 위한 특별 부스가 따로 마련되어 있을 정도니까요. 한국 드라마 역시 현지인들 사이에서 빈지 와칭(Binge watching)한꺼번에 몰아보기을 불러일으킬 정도로 수작(秀作)이라는 평가를 받고 있죠. 호떡, 불고기, 치킨 등의 한국 음식을 푸드 트럭이나 푸드 코트에서 만나는 것도 이제 더 이상 놀라운 일이 아니에요. 대형 마트에서도 라면, 햇반, 고추장, 김 등을 판매하고 있어 현지에서도 쉽게 한국 음식을 즐길 수 있어요. 이제 한국에서 왔다고 하면 현지인들이 먼저 'K-컬처'에 대해 이야기를 할 테니까 주저하지 말고 적극적으로 스몰 토크를 나눠 보세요.

◆ 마스크 착용에 관해서는 안내 표지를 확인하자

나라마다 마스크에 대한 규정은 다릅니다. 도착한 공항에서 분위기로도 알 수 있지만 마스크를 착용하는 것이 의무인지 아닌지를 알고 싶다면 마스크 착용 안내 표시를 확인하도록 하세요. Mandated[맨데이티드] 혹은 Must Wear a Mask[머스트 웨어러 매스크]는 마스크를 반드시 착용해야 한다는 의미예요. Strongly Recommended[스트롱리 레커멘디드]는 마스크 착용을 권장한다는 의미이고, Optional[옵셔널]은 마스크 착용을 각자의 선택에 맡긴다는 뜻이죠. 안내 표시가 없는 경우에는 주변 사람들의 동향을 살펴본 후 그에 맞게 착용 유무를 결정하도록 하세요. 특히 공연을 관람할 때는 예매 티켓에 마스크 착용과 관련된 안내 사항이 있으니 꼭 확인하세요.

Departures	출국
Arrivals	입국
Domestic	국내선
International	국제선
Transit / Transfers / Connecting Flights	환승
Baggage Claim	가방 찾는 곳
Immigration	입국 심사
Foreign Passport Holders	외국 여권 소지자
Customs	세관 신고
Restricted Articles	제한 물품
Please Take Out Your Passport and Visa.	여권과 비자를 꺼내 주세요.
Please Put Your Toiletries, Aftershaves, Perfumes and Cosmetics in 1 Plastic Bag.	세면도구, 면도용품, 향수, 화장품은 비닐 봉투 1개에 넣으세요.
NO Liquid Allowed	액체 물질 반입 금지
Security Check Point	보안 검색하는 곳

◆ 꼭 한 번은 말하게 되는 **핵심 문장**

01 **항공권 발권**

한국 인천으로 갑니다.	I'm going to Incheon, South Korea. [암 고잉트 인천 싸우뜨 코리아]
앞자리로 해 주세요.	Front seat, please. [프런 씻 플리즈]
창가 자리로 주세요.	Window seat, please. [윈도 씻 플리즈] 통로 쪽 좌석 aisle seat[아일 씻]
여기 있습니다.	Here it is. [히어 잇 이즈]
탑승구에 몇 시까지 도착해야 되나요?	What time should I be at the gate? [왓 타임 슈라이 비 앳 더 게잇]

02 **수하물 접수**

부칠 가방은 1개밖에 없어요.	I have just one bag to check in. [아이 햅 저슷 원 백 트 첵인]
이 가방은 기내에 가지고 가도 되나요?	Can I bring this bag as a carry-on? [캐나이 브링 디스 백 애저 캐리온]
이것을 지퍼백에 넣어야 할까요?	Should I put this in a Ziploc bag? [슈라이 풋 디스 인 어 집락 백]
가방에 노트북이 있어요.	I have a laptop in my bag. [아이 해버 랩탑 인 마이 백]

무인 발권기 사용법을 알려 주시겠어요?	Can you help me with the kiosk? [캔유 헬미 윗 더 키오스크]
무인 발권기가 작동을 안 해요.	The kiosk doesn't work. [더 키오스트 더즌 웍]

03 출입국 심사 / 세관 검사 / 수하물 찾기

한국어 통역관이 필요해요.	I need a Korean translator. [아이 닡 어 코리언 츄랜슬레이터]
친구와 여행해요.	I'm traveling with my friend. [암 츄래블링 윗 마이 프렌]
미국 여행이 처음이에요.	It's my first time to visit America. [잇츠 마이 펄스 타임 트 비짓 어메리카]
2주 동안 있을 겁니다.	I'm staying for two weeks. [암 스테잉 포 투 윅스] 일 day[데이], 달 month[먼뜨]
다음 주 화요일에 떠나요.	I'm leaving next Tuesday. [암 리빙 넥스 튜즈데이]
관광하려고 합니다.	Sightseeing. [싸잇씨잉] 친구 방문 visiting my friend[비지팅 마이 프렌], 친척 방문 visiting my relatives[비지팅 마이 렐러티브즈]
호텔에 머물 거예요.	I'm staying in a hotel. [암 스테잉 이너 호텔]
한국 인천에서 출발했습니다.	I'm coming from Incheon, South Korea. [암 커밍 프럼 인천 싸우뜨 코리아]

혼자예요.	I'm alone. [암 얼론]
약 천 달러 정도 있어요.	I have about 1,000 dollars. [아이 햅 어바웃 따우즌 달러즈]
외국 여권 소지자 줄인가요?	Is this line for foreign passport holders? [이즈 디스 라인 포 포린 패스폴트 홀더즈]
시계를 벗어야 하나요?	Should I take off my watch? [슈라이 테이콥 마이 와취]
그건 제 짐이에요.	That's my luggage. [댓츠 마이 러기쥐]
제 가방을 가져가신 것 같아요.	I think you took my bag. [아이 띵크 유 툭 마이 백]

04 공항에서 렌터카 빌리기

공항에서 차를 반납하겠습니다.	I'll return the car at the airport. [아일 리턴 더 카 앳 디 에어폴트]
차를 반납할 때 기름을 넣어야 하나요?	Should I fill it up before returning it? [슈라이 필리럽 비포 리터닝 잇]
국제 운전 면허증이 있어요.	I have an international driver's license. [아이 해번 인터내셔널 쥬라이버즈 라이쎈스]

◆ 꼭 한 번은 겪게 되는 **문화 & 에티켓**

외국에서 처음 이용하는 대중교통은 난이도가 무척 높습니다. 자칫하다가 미아가 돼 버리는 건 아닌가 긴장의 연속이죠. 서양에서 대중교통을 이용하다 보면 한국의 버스와 지하철이 세계 최고라는 사실을 새삼 실감하게 될 거예요.

◆ **이것만 알면 어렵지 않아요**

해외 관광지에서 버스나 지하철을 이용할 때는 아래의 사항들을 염두에 두세요.

❶ 잦은 고장으로 정시에 오지 않거나 대체 수단으로 갈아타야 하는 경우도 빈번하게 있으니 안내 표지나 방송, 구글 맵(Google Maps)을 실시간으로 확인하세요.

❷ 하나의 표로 버스와 지하철을 이용할 수 있어요. 표는 지하철역에 있는 승차권 발매기에서 구입하는데, 여기에서 본인이 소지하고 있는 표의 잔액 확인도 할 수 있어요.

❸ 미국의 지하철은 탈 때만 카드를 읽히고 나갈 때는 읽히지 않아요.

❹ 지하철의 플랫폼 가까이에 서 있지 마세요. 플랫폼에 안전문이 설치되어 있지 않은데, 가만히 서 있는 사람을 플랫폼 아래로 밀어 버리는 범죄가 간혹 발생하거든요.

❺ 버스에서 하차할 때는 미리 벨을 누르거나 줄을 당겨서 운전자에게 하차할 것을 알려 주세요. 간혹 정류장을 지나치는 경우도 있어요.

❻ 버스의 뒷자리에 앉지 말고 기사의 시야가 닿는 곳에 위치하도록 하세요. 지하철에서는 의심스러운 행동을 하는 사람을 발견하면 바로 내리거나 옆 칸으로 옮기도록 하세요.

❼ 늦은 밤에는 가급적 대중교통 이용을 삼가도록 하세요.

❽ 지하철 내에서는 와이파이가 안 되는 경우가 많으므로, 장거리 이동의 경우 책 등을 준비하는 것도 좋아요.

◆ 우버(Uber) 이용하기

우버(Uber)나 리프트(Lyft)는 해외에서 많이 이용하는 차량 공유 서비스 교통수단이에요. 한국에서 미리 앱을 설치하고 신용카드를 등록하고 올 것을 추천하는데, 한국어 서비스도 지원하니까 큰 무리 없이 이용할 수있어요. 공항에서는 우버나 리프트를 타는 곳이 따로 지정되어 있으니 표지판을 확인하도록 하세요. 공항에서 우버를 탑승할 때는 매우 혼잡하기 때문에 반드시 본인이 선택한 차종과 차량 번호를 확인하고 승차하도록 하며, 가급적이면 뒷자리에 앉는 게 좋아요. 우버는 앱으로 요금을 결제하는 시스템이라 기사에게 현금이나 신용카드를 주지 않아요.

팁 역시 앱으로 주는데 우버 기사에게 팁을 주는 것은 손님의 재량에 달려 있어요. 같은 거리라도 시간대와 차량의 종류에 따라서 요금이 다르게 책정된답니다.

◆ 기다림에 익숙해지자

팬데믹(pandemic)^{전염병이 전 세계적으로 크게 유행하는 현상}으로 인해 우버 기사, 승무원에서부터 가게 점원, 식당 웨이터까지 서비스 직종의 구인란이 심각한 문제가 되고 있기 때문에 이런 곳에서는 좀 더 여유를 가지고 기다리는 마음의 자세가 필요해요. 우버를 불렀던 것처럼 무인 키오

스크(Kiosk)나 스마트폰 앱으로 주문을 하는 것은 서양에서도 낯선 풍경이 아니에요. 영어로 주문하지 않아도 되니 다행이기도 하지만, 영어로 대화할 수 있는 기회가 줄어드는 것 같아 아쉽기도 해요.

~ bound	~쪽으로 가는 Northbound 북쪽으로 가는 / Southbound 남쪽으로 가는
Train Approaching	지하철(기차) 접근 중
Mind the Gap	차량과 플랫폼의 간격을 조심하시오 (영국 지하철)
To ~	~행 To Manhattan 맨해튼행 / To Brooklyn 브루클린행
VIA ~	~를 경유하여 VIA New York 뉴욕을 경유하여
Place Your Card on the Reader	리더기에 교통 카드를 대세요
Press Button for Bus Stop	내리시려면 버튼을 누르세요
No Service on Sundays and Public Holidays	일요일 및 공휴일에는 운행하지 않음
Press to Open	버튼을 누르면 문이 열립니다
Level 1	1층
Priority Seat	노약자·임산부 등을 위한 자리, 우대석
Stand on the right	우측에 서시오 left 좌측
Taxi Pick-up/Drop-off	택시 타고 내리는 곳
Vacant	빈 택시

◆ 꼭 한 번은 말하게 되는 **핵심 문장**

01 길 찾기 / 표 사기 / 교통 카드 충전

4시 30분 기차로 주세요.	I'd like the 4:30 train. [아읻 라잌 더 포 떠리 츄레인]
메트로 카드 두 장 주세요.	Two Metro cards, please. [투 메트로 카즈 플리즈]
교통 카드를 충전해야 해요.	I need to charge my card. [아이 니트 차쥐 마이 카드]
어느 게 더 빨리 가나요?	Which one goes faster? [위취 원 고즈 패스터]
택시 타는 곳이 어디인지 아시나요?	Do you know where the taxi stand is? [두유 노 웨어 더 택시 스탠 이즈]
표는 어디에서 살 수 있나요?	Where can I buy a ticket? [웨어 캐나이 바이 어 티켓]

02 택시/버스 타기

5번가에 가려면 이 버스를 타야 되나요?	Should I take this bus to go to 5th Avenue? [슈라이 테익 디스 버스 투 고트 핍뜨 애비뉴]
공항 가는 셔틀은 얼마나 자주 있나요?	How often does the shuttle bus go to the airport? [하우 오픈 더즈 더 셔를버스 고트 디 에어폴트]
다음 버스가 언제 오는지 아세요?	Do you know when the next bus comes? [두유 노 웬 더 넥스트 버스 컴즈]

다음 정거장에서 내릴게요.	I'll get off at the next stop. [아일 겟 오프 앳 더 넥스 스탑]
모마 미술관 근처에 가면 알려 주실래요?	Would you let me know when we approach MoMA? [우쥬 렛 미 노 웬 위 어프로취 모마]
소호 가는 건가요?	Are you going to Soho? [아 유 고잉트 소호]
엠파이어 스테이트 빌딩으로 가 주세요.	Empire State Building, please. [엠파이어 스테잇 빌딩 플리즈]
지금 내려야 돼요.	I need to get off now. [아이 니트 겟 오프 나우]
현금으로 내도 되나요?	Can I pay cash? [캐나이 페이 캐쉬]

03 지하철/기차 타기

몇 시가 첫차인가요?	What time is the earliest train? [왓 타임 이즈 디 얼리스트 츄레인]
몇 호선을 타야 하나요?	Which line should I take? [위취 라인 슈라이 테익]
몇 번 승강장인가요?	What platform is it? [왓 플랫폼 이즈 잇]
이 기차는 급행열차인가요?	Is this the express train? [이즈 디스 디 익스프레스 츄레인]
이 카드로 지하철을 탈 수 있나요?	Can I use this card for the subway? [캐나이 유즈 디스 카드 포 더 섭웨이]

승차권 발매기를 사용하려고 하는데요.	I'm trying to use the ticket machine. [암 추라잉트 유즈 더 티켓 머신]
제 신용카드가 승차권 발매기에 끼여서 안 나와요.	My credit card is stuck in the ticket machine. [마이 크레딧 카드 이즈 스턱 인 더 티켓 머신]

04 렌터카 빌리기

차를 렌트하려고요.	I'm renting a car. [암 렌팅 어 카]
차를 반납하러 왔어요.	I'm here to return the car. [암 히어 트 리턴 더 카]
SUV 차량이 좋겠습니다.	I'd like an SUV. [아읻 라이컨 에스유비] 승용차 sedan[세단]
국제 운전 면허증을 소지하고 있어요.	I have an international driver's license. [아이 해번 인터내셔널 쥬라이버즈 라이센스]
직접 주유해서 반납하겠습니다.	I'll fill up the tank before I return it. [아일 필럽 더 탱크 비포 아이 리턴 잇]

◆ 꼭 한 번은 겪게 되는 **문화 & 에티켓**

호텔은 참 편하고 좋은 곳이죠. 손님으로 가면 모두 나를 챙겨 주려고 애쓰는 곳이니까요. 하지만 우리가 호텔에서 신경 써서 챙겨야 할 것들도 몇 가지 있습니다.

◆ 팁은 당연하게 내자

팁은 어디서 얼마를 내야 하는지 은근 고민이 되시죠? 그런데 현지 사람들도 똑같은 고민을 한답니다. 단순하게 말하자면 누군가에게 서비스를 받았다고 생각되는 곳에서는 팁을 낸다고 생각하세요. 서양에서는 호텔, 식당 등의 서비스 직종은 최저 임금이나 그보다 적은 임금을 받는데, 팁을 통해서 부족한 임금을 충당하고 있어요.

호텔의 벨홉(bellhop)^{짐을 들어주는 사람}, 발레파킹 직원, 호텔 셔틀버스 운전기사는 손님이 요금을 내진 않지만 서비스를 제공했기 때문에 당연히 팁을 예상하고 있어요. 이들에게는 5~10달러 정도를 건네는 게 좋아요. 호텔 방을 나설 때도 메이드(maid)^{청소를 해 주는 사람}를 위해서 3~5달러 정도의 팁을 탁자 위에 올려 두도록 하세요. 식당, 택시, 미용실 등에서는 요금의 20~25% 정도를 팁으로 주는 게 일반적이에요.

팬데믹 이후에는 웨이터가 없이 손님이 셀프로 음식을 받아서 먹는 식당이나 카페에서도 팁을 요청하고 있어요. 음식값을 결제할 때 팁을 선택하도록 화면을 보여 주는데 손님이 10%, 20%, No Tip 등을 선택할 수 있습니다.

◆ 사우나, 헬스장, 탈의실, 수영장 에티켓

많은 사람들과 옷을 벗고 이용하는 사우나, 헬스장, 수영장 등에서는 다음과 같은 에티켓을 지키지 않으면 민망한 장면이 연출될 수 있어요.

❶ 사우나나 자쿠지에서는 수영복이나 반바지를 착용해야 해요. 같은 성별끼리만 사용하는 곳이어도 알몸으로 이용하는 사람은 없어요.

❷ 헬스장에서는 기구를 이용한 후 비치되어 있는 소독천으로 닦아 주세요. 이는 다음 사람을 위한 행동으로, 본인이 땀을 흘리지 않았어도 하셔야 해요.

❸ 수영장에서는 수영 모자를 쓰지 않아도 돼요. 또한 옷을 갈아입지 않고 수영복을 입은 채 호텔방으로 갈 수도 있는데, 이럴 경우에는 몸에 있는 물기를 수건으로 닦은 후 수건을 몸에 둘러 주세요. 티셔츠 등의 윗도리는 입는 게 좋아요.

❹ 코로나, 독감 등으로 인해서 사우나 혹은 호텔 헬스장의 정원을 제한하는 곳도 있으니 문에 붙어 있는 안내 사항을 확인하세요.

❺ 수영장에서 자유 수영을 하고 싶다면 Lap swim이라고 적힌 곳에서 하도록 하세요.

❻ 탈의실에서 샤워 후에는 수건으로 몸을 감싸 주세요. 알몸으로 다니면 민망해요.

❼ 수영장이나 탈의실에서 신을 수 있도록 플립 플랍(flip flop)^{일명 '쯔리'} 같은 샌들을 미리 준비하면 좋아요.

◆ 매일 뉴스를 확인하자

해외여행을 할 때는 매일 뉴스를 보면서 현지의 사건·사고 및 날씨를 확인하세요. 요즘은 지구 온난화로 인해 산불이나 홍수, 폭설, 허리케인 등 예상치 못한 자연재해가 끊임없이 발생하고 있기 때문에 여행 일정을 급하게 변경해야 할 수도 있어요. 특히 미국은 우리나라와는 달리 자연재해의 규모가 크기 때문에 미리 대비하지 않으면 안전에 위협이 된답니다. 뉴스의 헤드라인은 화면 아래에 나타나고 날씨는 간단한 그림과 함께 나오기 때문에 영어 듣기에 자신이 없어도 내용을 대충 이해할 수 있어요. 스마트폰 앱으로 날씨를 체크해도 좋아요. 기온을 확인할 때는 반드시 windchill이라고 하는 체감 온도도 함께 체크하세요. 날씨로 인해 일정을 변경해야 할지 판단이 서지 않을 때는 현지 호텔 직원의 의견을 구하는 것도 좋아요. 긴급 대피령(evacuation order)이나 여행 자제 권고가 있을 경우에도 호텔 직원의 도움을 받도록 하세요.

◆ 꼭 한 번은 보게 되는 **표지판 영어**

NO Vacancy	빈 방 없음
Reception	프런트 데스크 Concierge 안내원
Complimentary	무료
Do Not Disturb	방해하지 마시오
Please Service Room	방을 정돈해 주세요
Registered Hotel Guest Only	호텔 투숙객만 이용할 수 있음
Gym	헬스장
Hot Tub	따뜻한 물이 있는 야외 욕조 Jacuzzi 자쿠지(물에서 기포가 생기게 만든 욕조)
Laundry	세탁실
Business Center	컴퓨터, 팩스, 프린터 등을 사용하며 비즈니스 업무를 볼 수 있는 장소
Employees Only	직원만 출입 가능
Please Shower Before Entering Pool	수영장에 들어가기 전에 샤워하세요
Lap Swim Only	계속 돌면서 수영하는 사람들을 위한 곳
Swim Suits Required	수영복 착용 필수

◆ 꼭 한 번은 말하게 되는 **핵심 문장**

01 **호텔 체크인/체크아웃하기**

체크인하려고 합니다.	I'd like to check in, please. [아일 라잌트 체킨 플리즈]
4일 머무를 예정입니다.	I'm staying for four days. [암 스테잉 포 포 데이즈]
2일 더 있겠습니다.	I'll stay two more nights. [아일 스테이 투 모어 나잇츠]
몇 시에 체크아웃을 해야 되나요?	What time should I check out? [왓 타임 슈라이 체카웃]
모닝콜을 부탁해도 될까요?	May I ask for a wake-up call? [메아이 애슥 포 어 웨이컵 콜]
욕조가 있나요?	Is there a bathtub? [이즈 데어 어 배뜨텁]
싱글룸을 예약했어요.	I made a reservation for a single room. [아이 메이더 레져베이션 포러 씽글룸]
혼자 여행하고 있어요.	I'm traveling alone. [암 츄래블링 얼론]

02 **호텔 시설 이용하기**

공항으로 가는 셔틀버스 있나요?	Do you have an airport shuttle? [두유 해번 에어포트 셔틀]

금고를 어떻게 쓰는지 알려 주실 수 있나요?	**Can you tell me how to use the safe?** [캔유 텔미 하우트 유즈 더 쎄입]
아침 식사는 몇 시인가요?	**What time is breakfast?** [왓 타임 이즈 브렉퍼스트]
키 카드를 하나 더 받을 수 있을까요?	**May I get one more key card?** [메아이 겟 원 모어 키 카드]
짐을 보관할 곳이 있을까요?	**Is there any place I can keep my luggage?** [이즈 데어 애니 플레이스 아이 캔 킵 마이 러기쥐]
수영장 아직 열려 있나요?	**Is the swimming pool still open?** [이즈 더 스위밍 풀 스틸 오픈]
수영 모자를 써야 하나요?	**Should I wear a swim cap?** [슈라이 웨어러 스윔 캡]
수영장은 몇 시까지 하나요?	**What time does the pool close?** [왓 타임 더즈 더 풀 클로우즈]
방 온도를 조절하려고 하는데요.	**I'm trying to change the room temperature.** [암 츄라잉트 체인지 더 룸 템퍼러춰] 에어컨을 끄다 turn the AC off[턴 디 에이씨 옵], 금고를 닫다 close the safe[클로우즈 더 세잎], 창문을 열다 open the window[오픈 더 윈도우]
방에 와이파이가 되나요?	**Do you have Wi-Fi in the room?** [두유 햅 와이파이 인 더 룸]
무료로 제공하는 물인가요?	**Is it complimentary water?** [이즈 잇 컴플리멘트리 워터]
여기 와이파이 비밀번호 좀 알려 주시겠어요?	**Can you tell me the password for your Wi-Fi?** [캔유 텔미 더 패쓰워드 포 유어 와이파이]
세탁기에 쓸 25센트 동전 좀 바꿀 수 있을까요?	**Can I get some quarters for the washing machine?** [캐나이 겟 썸 쿼터즈 포 더 워싱 머신]

컴퓨터를 좀 쓰고 싶은데요.	I'd like to use a computer. [아일 라익트 유즈 어 컴퓨터]
헬스장은 어디에 있나요?	Where's the gym? [웨얼즈 더 짐] 세탁실 laundry room[런드리 룸], 식당 dining area[다이닝 에어리어]

03 불만사항 제기하기

방이 좀 작아요.	The room is a bit small. [더 룸 이즈 어빗 스몰]
방이 너무 추워요.	It's too cold in the room. [잇츠 투 콜드 인 더 룸]
방문이 잠겼어요.	I'm locked out of my room. [암 락트 아우로브 마이 룸]
제 방으로 누구 좀 보내 주시겠어요?	Could you send someone up to my room, please? [쿠쥬 센 썸원 업트 마이 룸 플리즈]

해외여행에서 가장 야생의 현지를 느낄 수 있는 곳, 바로 길거리입니다. 볼 것도 많고, 시끄럽기 때문에 정신을 다른 곳에 두기도 하고, 돌발상황도 많이 발생하죠. 호텔에서 나서기 전 주의사항을 체크하고 출발하는 건 어떨까요?

◆ 길거리에서는 항상 조심하자

서양의 대도시, 특히 관광지에서는 치안이 매우 훌륭한 우리나라에서는 자주 접할 수 없는 범죄에 노출되기 쉬워요. 팬데믹 이후 동양인을 대상으로 하는 범죄가 늘어나는 추세라서 대중 장소에서는 범죄의 희생자가 될 수 있는 행동을 미리 차단하는 것이 필수예요. 관광지에서는 다음과 같은 행동을 조심해 주세요.

❶ 낯선 사람에게 길을 묻지 말고, 구글 맵(Google Maps) 등을 활용해서 직접 찾는 게 좋아요. 혹시라도 길을 물어야 한다면 경찰이나 가게 직원에게 묻도록 하세요.

❷ 사진 촬영을 해 주겠다며 접근하는 사람에게 쉽게 스마트폰을 건네지 마세요.

❸ 스마트폰이나 가방 등은 항상 몸에 지니고 다니세요. 탁자에 올려 두거나 의자에 걸어 두면 소매치기를 당할 수도 있어요.

❹ 스마트폰을 오래 보면서 걸어가지 말고 주변을 살피면서 다니도록 하세요.

❺ 늦은 밤에는 가급적 대중교통 이용을 자제하는 게 좋아요.

❻ 버스를 탈 때는 뒷자리보다는 버스 운전사의 시선이 닿는 곳에 위치하는 게 좋아요.

❼ 지하철에서 위험하게 보이는 사람이 있다면 즉시 옆 칸으로 이동하세요.

❽ 낯선 사람이 권하는 음료나 술은 절대로 마시지 마세요.

◆ 재채기와 침 뱉기는 조심 또 조심

재채기를 참는 것은 거의 불가능하죠. 하지만 공공장소에서 갑작스럽게 큰 소리로 재채기를 하는 것은 자제해 주세요. 팬데믹 이후에는 입 밖으로 분비물이 나오는 것을 민감하게 받아들이기 때문에 최대한 소리를 줄여서 코와 입을 팔이나 옷으로 가리고 하도록 하세요. 만일 옆 사람이 재채기를 한다면 Bless you.[블레슈]라고 말해 주세요. 상대방이 Bless you.라고 말하면 가볍게 Thank you.[땡큐]라고 하는 게 좋아요.

◆ 화장실을 사용할 때 당황하지 말자

❶ 서양에서는 공공 화장실 칸막이의 위와 아래가 뚫려 있어요. 그리고 의도적으로 칸막이 문과 기둥 사이에 틈을 두고 있는 곳도 많아서 노크를 하지 않고도 사람이 있는지 아닌지를 확인할 수 있죠. 한 사람만 들어갈 수 있는 화장실에서는 문 손잡이가 있는  곳에 vacant(비어 있음)와 occupied(사용 중) 표시가 나타나요. 문에 occupied 표시가 있으면 사람이 있는 것이니까 노크하지 말고 기다리세요.

❷ 요즘은 많이 사라지는 추세이지만 화장실에 비밀번호를 걸어 두고 손님만 이용할 수 있도록 하는 가게들도 있어요. 이런 곳에서는 영수증 등에 있는 비밀번호를 확인하거나 직원에게 번호를 물어보세요.

❸ Gender Neutral, All Gender, Gender Inclusive는 성별에 상관없이 모든 사람들이 쓸 수 있는 화장실이라는 표시예요. 대형 마트나 쇼핑몰에는 아이를 동반한 가족들을 위한 Family restroom도 있어요.

❹ 버스 터미널이나 지하철에 있는 공공 화장실은 지저분한 경우가 많으니, 가급적이면 백화점이나 카페, 관광 안내소 등에 있는 화장실을 이용하세요.

Pedestrian Crosswalk Ahead	횡단보도가 앞에 있음
Construction Work in Progress	공사 중
Do Not Open. Door Alarm Will Sound.	열지 마시오. 문을 열면 사이렌이 울림.
Visitors Must Report to Office	방문객은 사무실로 문의할 것
No Trespassing	들어오지 마시오
Beware of the Dog	개 조심
All Restricted Area – Monitored by Video Camera	제한구역 – CCTV가 있음
Designated Smoking Area	흡연 지정 구역
No Outlet	출구 없음 Dead End 막다른 곳
Detour	돌아가시오
Tow Away Zone	견인 구역
Private Property	사유지
Keep Right	우측통행
School Xing	학교 앞 횡단보도

◆ 꼭 한 번은 말하게 되는 **핵심 문장**

01 **특정 장소 물어보기**

근처에 물품 보관함이 있을까요?	**Is there a locker nearby?** [이즈 데어 어 락커 니어바이] 현금 자동 입출금기 ATM[에이티엠], 환전소 money exchange[머니 익스체인쥐], 면세점 duty free shop[듀리프리 숍], 여행자 안내소 tourist information center[투어리스트 인포메이션 센터], 화장실 restroom[레스트룸]
거기까지 걸어갈 수 있을까요?	**Can I walk there?** [캐나이 웍 데어]
박물관까지 얼마나 멀죠?	**How far is it to the museum?** [하우 파 이즈잇 트 더 뮤지엄]
센트럴 파크 가는 길 좀 알려 주시겠어요?	**Can you show me the way to Central Park?** [캔유 쇼 미 더 웨이 트 쎈트럴 팍]
어떤 출구로 나가야 하나요?	**Which exit should I take?** [위취 엑싯 슈라이 테익]
여기서 우회전해야 되나요?	**Should I take a right from here?** [슈라이 테이커 라잇 프럼 히어]
(사진을 보여 주며) 이 식당이 어디인지 아세요?	**Do you know where this restaurant is?** [두유 노 웨어 디스 레스토랑 이즈]
거기에 어떻게 가는지 아시나요?	**Do you know how to get there?** [두유 노 하우트 겟 데어]
여기서 얼마나 걸리나요?	**How long does it take from here?** [하우 롱 더즈 잇 테익 프럼 히어]
8시까지는 도착할 수 있을까요?	**Do you think I can get there by 8?** [두유 띵크 아이 캔 겟 데어 바이 에잇]

02 교통편 물어보기

근처에 버스 정류장이 있나요?	**Is there a bus stop nearby?** [이즈 데어 어 버스 스탑 니어바이] 지하철역 subway station[썹웨이 스테이션], 택시 승차장 taxi stand[택씨 스탠]
버스 번호 아세요?	**Do you know the bus number?** [두유 노 더 버스 넘버]
여객선을 타려면 어디로 가야 되는지 알려 주시겠어요?	**Can you tell me where to go to ride the ferry?** [캔유 텔미 웨어 트 고 트 라이더 페리]
택시를 타야 할까요?	**Should I take a taxi?** [슈라이 테익커 택시]

03 지도에서 위치 물어보기

지도상에 여기 위치가 어디인가요?	**Where are we on the map?** [웨어 아 위 온 더 맵]
지도를 보여 드릴게요.	**I'll show you the map.** [아일 쇼유 더 맵]
지도에는 식당이 이 근처라고 하는데요.	**The map says the restaurant is around here.** [더 맵 쎄즈 더 레스토랑 이즈 어라운 히어]

04 길거리 카페 / 스낵바

땅콩 한 봉지 주세요.	**A bag of peanuts, please.** [어 백 오브 피넛츠 플리즈]

이것만 할게요.	**Just this one.** [저슷 디스 원]
얼마예요?	**How much is it?** [하우 머치 이즈잇]
주문한 걸 아직 못 받았어요.	**I didn't get my order yet.** [아이 디든 겟 마이 오더 옛]
톨 사이즈 아이스 라떼 주세요.	**I'd like a tall iced latte.** [아읻 라이커 톨 아이스트 라테이]
현금으로 낼게요.	**I'll pay cash.** [아일 페이 캐쉬] 신용카드로 계산하다 pay by credit card[페이 바이 크레딧 카드]

05 기타 상황

당신의 개 사진을 찍어도 될까요?	**May I take a picture of your dog?** [메아이 테이커 픽쳐 오브 유어 독]
장갑 떨어뜨리셨어요.	**You dropped your glove.** [유 드롭트 유어 글러브]
전 관광객이에요.	**I'm a visitor.** [암 어 비지터]
저희 사진 좀 찍어 주시겠어요?	**Would you take a picture for us?** [우쥬 테이커 픽쳐 포 어스]
핸드폰 쓰게 해 주셔서 감사해요.	**Thank you for your cell phone.** [땡큐 포 유어 쎌폰]

71

◆ 꼭 한 번은 겪게 되는 **문화 & 에티켓**

서양 식당에서 음식을 주문할 때는 일반적으로 다음과 같은 절차로 주문을 해요. 이 절차를 숙지하고 있으면 영어를 잘 못하더라도 당황하지 않고 주문을 할 수 있어요.

◆ 식당에서 주문하기

❶ 식당에 들어가서는 무작정 빈자리에 앉지 마세요. 안내 직원에게 인원을 말한 후 자리를 안내받아야 하거든요. 창가 자리, 바 테이블 등 원하는 자리가 있다면 이때 말하도록 하세요.

❷ 안내 직원이 바로 주문을 받지 않아요. 테이블 담당 서버가 올 때까지 기다려 주세요. 팬데믹 이후 일손 부족으로 오래 걸릴 수도 있으니 여유 있게 기다리세요.

❸ 담당 서버가 와서 인사를 한 후 메뉴를 건네주고 음료 주문을 먼저 받을 거예요. 식사를 할 때 콜라 등의 음료를 즐기지 않는다면 물을 먹겠다고 하는 것도 괜찮아요. 음료는 빨대를 여러 개 꽂아서 함께 마시지 말고 각자 따로 주문하도록 하세요.

❹ 음료가 준비될 동안 메뉴를 보며 주문할 음식을 고르세요. 담당 서버가 음료를 건네준 뒤 주문을 받는데, 아직 결정하지 못했다면 시간이 더 필요하다고 말하세요.

❺ 애피타이저는 테이블 중간에 두고 함께 먹을 수 있지만, 메인 메뉴는 일반적으로 1인 1음식 주문을 원칙으로 하고 있어요. 주문할 때는 한 사람이 몰아서 주문하지 말고 각자 자신이 원하는 음식을 주문하세요. 그래야 서버가 음식을 가지고 올 때 누구에게 어떤 음식을 줄지 혼란스럽지 않거든요.

❻ 식사 도중에 담당 서버가 테이블로 와서 더 필요한 게 있는지, 음식이 어떤지 물어볼 거예요. 리필 등 요청 사항이 있다면 이때 하도록 하세요.

❼ 남은 음식을 가져가고 싶다고 말하면 서버가 일회용 용기를 가져다줄 거예요. 서버가 남은 음식을 담아 주는 게 아니라 손님이 직접 담아가도록 하고 있어요.

❽ 식사를 마치면 서버가 디저트를 먹을 것인지 물어봐요. 디저트 역시 함께 나눠 먹을 수 있어요. 디저트를 먹지 않는다면 계산서를 가져다줄 거예요.

◆ **식당에서 음식값 지불하는 방법**

❶ 음식을 다 먹은 후 담당 서버가 계산서를 가지고 오면 신용카드를 건네주세요. 만일 더치페이로 따로 계산하겠다고 말하면 각자가 먹은 음식에 대해 개인 계산서를 가지고 옵니다. 이럴 경우 팁도 따로 냅니다. 담당 서버가 카드로 음식값을 결제한
후에는 두 장의 영수증을 가지고 올 거예요. 한 장은 merchant copy receipt로 가게에서 보관하는 영수증이고, 다른 한 장은 customer copy receipt로 고객용 영수증이에요. 각 영수증에는 팁을 쓰는 칸이 있어요. 여러분이 담당 서버에게 주고 싶은 팁의 금액을 적고 음식값과 팁을 합한 총 가격을 적은 뒤 서명하세요. 그리고 merchant copy는 탁자에 두고 customer copy만 가지고 가세요. 신용카드로는 음식값과 팁을 합한 최종 가격이 결제됩니다.

❷ 현금으로 계산을 하고 싶다면 음식값과 팁을 포함한 돈을 테이블 위에 올려 두고 가시면 돼요. 현금보다는 신용카드를 이용하는 것이 더 편리해요.

❸ 유명 체인 식당에서는 탁자 위에 있는 무인 계산 키오스크를 활용하기도 하는데, 절차는 카드로 담당 서버에게 계산하는 것과 비슷해요.

❹ 팁은 보통 음식값의 20~25% 정도를 지불하는데, 영수증에 퍼센트에 따라 지불하는 액수가 나와 있기도 해서 편리해요. 그렇지 않을 경우에는 계산기를 사용하는 게 좋아요.

❺ 팁은 반드시 주셔야 해요. 서양에 있는 한국 음식점에서도 팁은 필수예요. 만일 담당 서버가 불친절하거나 성의 없이 행동했다면 20% 이하의 팁을 주셔도 돼요.

◆ 담당 서버가 없는 식당에서 주문하기

담당 서버가 따로 없이 손님이 주문을 하고 셀프로 음식을 받는 식당에서는 다음과 같이 주문하세요.

❶ 처음 가 본 곳이라면 무작정 줄을 서지 말고 어떤 메뉴가 있는지, 사람들은 어떻게 주문을 하는지 한 발짝 물러서서 지켜보세요.
❷ Build your own 혹은 Customize는 본인이 직접 재료를 선택해서 만들어 먹는 메뉴예요. 처음 가 본 식당에서 이렇게 주문하면 당황할 수 있으니까 이미 만들어진 메뉴를 주문하는 게 좋아요.
❸ 재료를 선택할 때는 영어로 말하면서 손가락으로 살짝 가리키는 것도 좋아요.
❹ 음료를 주문하지 않고 그냥 물을 마시고 싶다면 water cup을 달라고 하세요. 그냥 water라고만 하면 병에 담긴 생수를 주고 요금을 청구할 수도 있어요.
❺ 팬데믹 이후에는 셀프 서비스 식당에서도 팁을 요구하는 경우가 많아졌어요. 점원이 팁을 계산하는 화면을 손님에게 보여 주는데, 이런 식당에서는 No Tip이나 10% 정도의 팁을 선택해도 괜찮아요.
❻ 음식을 받는 곳은 pick up이라고 하는데 영수증에 있는 주문 번호로 음식을 받는 경우도 있으니까 영수증은 버리지 마세요.

❼ 음식을 먹은 후 쓰레기를 버릴 때는 우리나라처럼 철저하게 분리수거를 하지 않아요. 모든 쓰레기를 한꺼번에 버리거나 남은 음료도 다른 쓰레기와 함께 버린답니다.

◆ 이름만으로는 감이 오지 않는 서양 음식들

이름만으로는 어떤 음식인지 감이 오지 않는 대표적인 서양 음식들을 정리해 보았어요. 어떤 음식인지 잘 모를 때는 주저하지 말고 담당 서버에게 물어보도록 하세요. 담당 서버에게 팁을 주는 이유가 바로 이거예요.

- **Crab cake:** 게살을 밀가루에 반죽해서 부친 작은 부침개같은 음식이에요.
- **Lobster roll:** roll이라는 긴 빵 안에 랍스터와 야채를 넣은 샌드위치 같은 음식이에요. 랍스터 대신에 게살을 넣으면 Crab roll, 조개를 넣으면 Clam roll이 되는 거예요.
- **Dip:** 빵이나 칩을 찍어 먹는 소스로, 꾸덕한 텍스처가 특징이에요.
- **Sampler:** 여러 가지 음식들을 조금씩 담은 메뉴예요. 주로 애피타이저로 먹을 수 있는 음식인데 양이 많아서 나눠 먹기 좋아요.
- **Platter:** 큰 접시에 다양한 종류의 음식을 담은 메뉴예요. Seafood platter(해산물 플래터), Sushi platter(스시 플래터) 등이 있어요.
- **Chowder:** 크림 베이스의 스프 같은 음식인데, 일반 스프보다 깊은 맛이 나요. Clam chowder(조개 차우더), Corn chowder(옥수수 차우더), Haddock chowder(대구 살 차우더) 등이 대표적이에요.
- **Pulled pork:** 돼지고기를 오랫동안 익혀서 장조림처럼 찢은 음식이에요. 보통 바비큐 소스와 곁들여 먹어요.
- **Chili:** 간 소고기에 콩과 야채를 넣고 토마토 소스와 칠리 소스를 넣고 오랫동안 끓인 스프와 같은 음식이에요. 소고기 대신 치킨, 칠면조 등을 사용하기도 하는데 이름처럼 매콤하지는 않아요.
- **Tips:** 고기를 한 입 크기로 썰어서 요리한 음식이에요.
- **Surf and turf:** 스테이크와 해산물이 함께 나오는 음식이에요.
- **Corn on the cob:** 옥수수를 통째로 요리한 선택 메뉴 음식이에요.

◆ **면치기, 후루룩은 음식에 대한 찬사가 아니다**

먹방에 자주 등장하는 '면치기'는 서양의 식당에서는 자제하세요. 서양에서는 음식을 먹을 때 소리를 내는 것을 식사 예절에 어긋나는 행동이라고 생각하거든요. 또한 뜨거운 국물 요리나 음료를 먹을 때 크게 '후루룩' 소리를 내는 것, 음식을 먹을 때 크게 쩝쩝거리거나 입 안에 음식을 넣은 채 말을 하는 것도 피하는 것이 좋아요.

Please Wait to Be Seated	기다려 주시면 곧 자리로 안내해 드리겠습니다
Please Pay First	먼저 계산부터 해 주세요
Order Here	여기서 주문해 주세요
Sorry! We're closed today.	죄송합니다! 오늘은 영업하지 않습니다.
Pick up Food Here	여기서 음식을 가지고 가세요
No Soliciting	잡상인 출입 금지
Today's Special	오늘의 특별 메뉴
Signature Dish	그 식당을 대표하는 특징 있는 음식
All You Can Eat	뷔페 스타일의 음식
Freshly Brewed Coffee	갓 뽑은 커피
We Proudly Serve Starbucks Coffee	저희 식당에서는 스타벅스 커피를 제공합니다
Served with Baked Potato or French Fries	구운 감자나 감자튀김 제공
Soda Machine OUT OF ORDER	탄산음료 기계 고장
Build Your Own Burger	햄버거에 들어갈 재료를 직접 선택하세요

◆ 꼭 한 번은 말하게 되는 **핵심 문장**

01 **주문하기**

대기자 명단에 이름을 올리겠어요.	**I'll put my name on the waiting list.** [아일 풋 마이 네임 온 더 웨이팅 리스트]
두 명이 먹기에 충분할까요?	**Is it enough for two people?** [이즈 잇 이넙 포 투 피플]
매운 음식 있나요?	**Do you have any spicy food?** [두유 햅 애니 스파이시 푸드]
물 좀 주시겠어요?	**Can I get some water?** [캐나이 겟 썸 워터]
얼마나 기다려야 할까요?	**How long should I wait?** [하우 롱 슈라이 웨잇]
여기서 먹으려고요.	**For here, please.** [포 히어 플리즈] 포장해 주세요. To go, please.[투 고 플리즈]
사진 있는 메뉴판 있나요?	**Do you have a menu with pictures?** [두유 해버 메뉴 윗 픽쳐즈]
예약을 해야 하나요?	**Should I make a reservation?** [슈라이 메이커 레저베이션]
(옆 테이블을 가리키며) 저 분들이 먹는 걸로 주세요.	**I'll have what they're having.** [아일 햅 왓 데얼 해빙]
(사진을 보여 주며) 이 음식이 뭔지 아시겠어요?	**Do you know what this is?** [두유 노 왓 디스 이즈]
주문하려고요.	**We're ready to order.** [위어 레디 트 오더]

| 창가 자리에 앉을 수 있을까요? | Can we sit next to the window?
[캔 위 씻 넥스트 더 윈도우] |

02 식사하기

정말 맛있어요.	It's really good. [잇츠 릴리 굿]
양이 많아요.	It's a lot of food. [잇츠 얼랏어브 푸드]
다 먹었어요.	I'm done. [암 던]
배불러요.	I'm full. [암 풀]
양고기는 처음 먹어 봐요.	It's my first time to eat lamb. [잇츠 마이 퍼스트 타임 트 잇 램]
이 의자 쓰시나요?	Are you using this chair? [아 유 유징 디스 체어]
남은 거 싸 갈 수 있도록 용기 하나 주시겠어요?	Can I get a container for leftovers? [캐나이 겟 어 컨테이너 포 레픗오버즈]

03 불편사항

| 이거 상한 것 같아요. | I think this went bad.
[아이 띵크 디스 웬 뱃] |

제가 주문한 게 아닌데요.	It's not what I ordered. [잇츠 낫 왓 아이 오더드]
좀 덜 익었어요.	It's a little bit undercooked. [잇츠 어 리를 빗 언더쿡트]
좀 싱거워요.	It's kinda bland. [잇츠 카인더 블랜]

04 계산하기

계산서 주세요.	Check, please. [첵 플리즈]
여기서 낼까요, 아니면 앞에서 낼까요?	Do I pay here or at the front? [두 아이 페이 히어 오어 앳 더 프런트]
이 지폐를 잔돈으로 바꿔야 해요.	We need to break this bill. [위 니트 브레익 디스 빌]
팁이 포함된 건가요?	Is the tip included? [이즈 더 팁 인클루디드]
할인 쿠폰이 있어요.	I have a discount coupon. [아이 해버 디스카운 쿠폰]

◆ 꼭 한 번은 겪게 되는 **문화 & 에티켓**

신나는 쇼핑의 시간입니다. 해외에서 쇼핑을 할 때 몇 가지만 미리 체크하면 내 돈 쓰면서 마음 상하는 일은 없을 거예요.

◆ 영업시간을 꼭 확인하자

영업시간은 가게마다, 그리고 요일에 따라 달라요. 팬데믹 이후에는 구인난으로 인해 영업시간을 불가피하게 단축하는 곳이 많아졌어요. 같은 쇼핑몰에 있는 가게라도 오픈 시간이 다를 수 있으니 인터넷으로 확인하는 게 좋아요. 대부분의 가게들이 일요일에는 영업을 하지 않거나 평소보다 일찍 영업을 종료해요. 카페는 우리나라와는 달리 대부분 새벽 5~6시경에 문을 열고 이른 저녁에 문을 닫아요. 대형 마트 안에 있는 약국, 카페, 음식점 등은 마트 영업시간을 따르지 않고 독자적으로 영업시간을 마련해 두고 있어요. 브로드웨이 공연은 대부분 월요일이 휴관이에요.

◆ 한국과는 살짝 다른 쇼핑 방법

❶ 빵이나 도넛 등의 디저트를 고를 때 한국에서는 손님이 직접 원하는 것을 선택해서 접시에 담아 계산하지만 미국에서는 그러지 않아요.

❷ 탈의실이 잠겨 있는 옷가게도 많이 있어요. 이런 곳에서는 직원에게 탈의실을 열어 달라고 요청하세요.

❸ 가격표에는 세금이 포함되어 있지 않으니 계산을 할 때 세금이 추가된다는 것을 염두에 두세요. 물론 세금이 없는 주에서는 가격표에 있는 가격으로 계산하는 거죠.

❹ 가방을 가지고 들어갈 수 없는 가게도 있어요. 이럴 때는 카운터에 가방을 보관해야 하는데, 귀중품은 꼭 가지고 있도록 하세요.

❺ 벼룩시장, 빈티지 마켓 등에서도 정찰제를 실시하기 때문에 무리하게 가격 흥정을 하지는 마세요.

❻ 팬데믹 이후에는 self-checkout 기계를 이용하는 곳이 많아졌어요. 한국과 동일하게 상품의 바코드만 읽어 주면 되니까 어려움 없이 사용할 수 있어요. 문제가 있다면 주변에 있는 직원들이 처리를 해 줄 테니 당황하지 마세요. 술을 구입할 때는 직원에게 신분증을 제시해야 해요.

❼ 백화점이라고 해도 매장의 청결도나 직원의 친절함은 한국과는 다를 수 있어요. 한국은 서비스의 천국이에요.

◆ 색다른 쇼핑 즐기기

아울렛이나 백화점에서 득템을 하는 것도 좋지만 해외여행이라면 한국에서 경험하지 못하는 이색적인 쇼핑을 해 보는 건 어떨까요?

❶ **에스테이트 세일(estate sale)**: 일반적으로 사망한 사람의 집안에 있는 물건을 판매하는 행사예요. 주로 주말에 행사를 진행하는데 집을 완전히 비워야 하기 때문에 가구, 가전 제품, 식기류, 미술품, 수집품 등을 매우 저렴한 가격에 구입할 수 있어요. 보통 길가의 전봇대 등에 estate sale 안내문을 붙여 행사가 있을 것을 안내하

는데, 'estate sale near me(내 위치에서 가까운 에스테이트 세일)'이란 구글 검색으로도 행사를 확인할 수 있어요. 대부분 현금 거래만 가능해요.

❷ **야드 세일(yard sale):** 이사를 가거나 집안을 정리하면서 안 쓰는 물건을 판매하는 소규모 행사예요. 자신의 집 차고 앞에 물건을 놓고 팔기 때문에 가라지 세일(garage sale)이라고도 불려요. 야드 세일 역시 길가에 장소와 시간이 적힌 안내문을 붙여 행

사를 안내하는데 주로 주말에 하는 곳이 많아요. 이곳 역시 현금 거래만 가능해요.

❸ **오픈 하우스(Open House):** 매물로 나온 집을 구매자에게 보여주는 행사예요. 이 역시 주말에 이루어지는데 집주인 대신 부동산 중개업자가 총괄해서 오픈 하우스를 진행해요. Open House 표시가 있으면 누구나 들어가서 집을 구경할 수 있으므로

외국의 주거 환경이 어떤지를 경험하는 데 좋은 기회가 되죠.

❹ **앤티킹(antiquing):** 앤티킹은 고가구, 미술품, 생활용품 등의 옛날 물건을 구경하러 다니는 것을 의미해요. 구제 옷이나 악세사리를 주로 취급하는 빈티지 쇼핑과는 약간의 차이가 있죠. 앤티킹은 앤티크 가게(antique shop)나 벼룩시장(flea market)에서 할 수 있는데, 중고 물품이지만 가격이 만만치 않으니 마음에 쏙 드는 물건을 잘 골라서 구입하도록 하세요. 요즘은 신용카드뿐만 아니라 인터넷 계좌 이체 서비스로도 결제를 할 수 있어요.

❺ **샘플세일(sample sale):** 뉴욕 등의 대도시에서는 현지인들을 대상으로 매주 유명 의류나 악세사리 브랜드의 샘플 세일을 진행하고 있어요. 샘플 세일 기간을 알려 주는 인터넷 사이트가 많으니 여행 일정에 맞추어 방문해 보세요.

❻ **걸스카우트 쿠키, 보이스카우트 팝콘:** 미국 쇼핑몰 등에서는 걸스카우트(Girl Scout) 단복을 입은 여자 아이들이 쿠키를 판매하는 행사를 진행해요. 보이스카우트(Boy Scout) 역시 유사한 행사를 하는데, 이 소년들은 쿠키 대신 팝콘을 판매하죠. 걸스카우트 쿠키는 대개 1~4월 정도에, 보이스카우트 팝콘은 가을에 판매하는데 일반 제품에 비해 가격이 높은 편이지만 구매를 부탁하는 아이들이 귀여워서 절대 그냥 지나치지 못한답니다.

❼ **파머스 마켓(farmer's market):** 인근 농장, 소규모 가게 등에서 직접 키우거나 만든 물건을 가져와서 파는 지역 장터 같은 행사에요. 각종 야채, 빵, 잼, 우유, 김치 등의 식재료부터 핸드메이드 제품까지 그 지역의 유명 상품들을 한 곳에서 구경할 수 있어요. 주로 주말 아침에 열리는데 유기농 제품, 핸드메이드 제품이 많아서 가격은 그리 저렴하지 않아요.

Clearance Sale	재고 정리 세일
On Sale. Selected Items Only	일부 품목에 한해 세일 중
Buy One Get One 50% Off	하나를 사시면 다른 하나를 반값에 드려요
NO Refunds or Exchanges	환불·교환 안 됨
NO Food or Drinks Allowed	음식물 반입 금지
Price Markdown	가격 인하
Swipe Your Card	신용카드를 리더기에 읽혀 주세요
We DON'T Accept Checks	수표는 받지 않습니다
Exclusively	특별히 이곳에만 있는
Express Checkout – 10 items or less	소량 계산대 – 10개 이하 품목
Dressing Room / Fitting Room	탈의실
Tax Is Excluded	세금은 포함되어 있지 않습니다
Return Garments to Fitting Room Attendant	구입하지 않는 의류는 탈의실 직원에게 주세요
Please No Bags in Dressing Room	탈의실에는 가방을 가지고 들어가지 마세요

◆ 꼭 한 번은 말하게 되는 **핵심 문장**

01 **쇼핑 장소 찾기**

근처에 벼룩시장이 있나요?	**Is there a flea market nearby?** [이즈 데어 어 플리 마켓 니어바이]
인테리어 잡지는 어디에서 살 수 있나요?	**Where can I buy interior design magazines?** [웨어 캐나이 바이 인테리어 디자인 매거진즈]
어디서 할인 쿠폰을 받을 수 있나요?	**Where can I get discount coupons?** [웨어 캐나이 겟 디스카운 쿠폰즈]

02 **물건 찾기 / 물건 고르기**

그냥 둘러보는 거예요.	**I'm just browsing.** [암 저슷 브라우징]
더 작은 사이즈 있을까요?	**Do you have a smaller size?** [두유 해버 스몰러 사이즈]
어느 게 더 잘 나가요?	**Which one is more popular?** [위취 원 이즈 모어 파퓰러]
이 셔츠 다른 색깔도 있나요?	**Do you have this shirt in different colors?** [두유 햅 디스 셔트 인 디퍼런 칼러즈] 핑크색으로 in pink[인 핑크]
이거 새 제품으로 있나요?	**Do you have a new one?** [두유 해버 뉴 원]
이거 입어 볼 수 있나요?	**Can I try this on?** [캐나이 츄라이 디스 온]

탈의실이 어디예요?	**Where's the fitting room?** [웨얼즈 더 피팅 룸]
이걸로 4개 있나요?	**Do you have four of these?** [두유 햅 포 오브 디즈]
좀 더 싼 걸로 보여 주실래요?	**Can you show me a cheaper one?** [캔유 쇼미 어 취퍼 원]

03 선물 고르기

남자친구 선물이에요.	**It's for my boyfriend.** [잇츠 포 마이 보이프렌]
그건 제 남자친구한테는 너무 작아요.	**It's too small for my boyfriend.** [잇츠 투 스몰 포 마이 보이프렌]
남자친구가 좋아할 것 같아요.	**I think my boyfriend will like it.** [아이 띵크 마이 보이프렌 윌 라이킷]
선물 포장 가능할까요?	**Can I get it gift-wrapped?** [캐나이 게릿 기프트 랩트]
여성용인가요?	**Is it for women?** [이즈 잇 포 위민] 남성용 for men[포 멘]

04 가격 알아보기 / 계산하기

이거 세일하나요?	**Is this on sale?** [이즈 디스 온 세일]
이 가격에서 추가로 50% 할인하는 건가요?	**Can I get an extra 50% from this price?** [캐나이 겟 언 엑스트라 핍티 퍼센 프럼 디스 프라이스]
다 해서 얼마인가요?	**How much in total?** [하우 머치 인 토털]
가격 확인 스캐너가 안 돼요.	**The price tag scanner doesn't work.** [더 프라이스 택 스캐너 더즌 월]
너무 비싸네요.	**It's too expensive.** [잇츠 투 익스펜시브]
면세 받을 수 있나요?	**Can I get it duty-free?** [캐나이 겟 잇 듀리프리]
신용카드 쓸게요.	**I'll use credit card.** [아일 유즈 크레딧 카드]
이걸로 할게요.	**I'll take this.** [아일 테익 디스]
이것을 교환하고 싶어요.	**I'd like to exchange this.** [아인 라익트 익스체인지 디스]
환불받고 싶어요.	**I'd like a refund.** [아인 라이커 리펀]
영수증을 가방에 넣어 주세요.	**Put the receipt in the bag, please.** [풋 더 리씻 인 더 백 플리즈]

◆ 꼭 한 번은 겪게 되는 **문화 & 에티켓**

박물관, 뮤지컬 공연, 국립 공원, 해변 등 해외여행의 필수 관광지를 방문할 때는 다음과 같은 것들을 생각해 두세요.

◆ 공연 관람하기

뉴욕의 브로드웨이, 런던의 웨스트엔드에서의 공연 관람도 여행에서 빼놓을 수 없는 일정 중 하나이죠. 해외에서 뮤지컬이나 연극 등의 공연을 관람할 때는 다음과 같은 사항들을 알고 있으면 한층 즐거운 시간을 보낼 수 있어요.

❶ 한국에서 미리 예매를 하는 것을 추천해요. 인기 있는 공연은 주말에 대부분 매진이에요.

❷ 공연 시작 최소 30분 전에는 공연장에 도착하는 게 좋아요.

❸ 브로드웨이나 웨스트엔드의 공연장은 오래된 건물이라 화장실이 크지 않아요. 특히 여자 화장실은 항상 줄이 기니까 공연 전에 미리 화장실을 다녀오세요.

❹ 공연의 스토리를 미리 알고 갈 것을 추천해요. 영어를 못 알아들어도 스토리를 알고 있으면 대충의 흐름을 파악할 수 있거든요. 뮤지컬은 스토리와 더불어 노래 가사를 숙지하고 가면 더 몰입해서 관람할 수 있어요.

❺ 가방 검사는 필수라서 호텔에 두는 게 좋아요. 또한 외부 음식은 반입할 수 없어요.

❻ 예매 사항에 마스크 착용 유무를 안내하고 있으니 미리 확인하세요.

❼ 공연 기념품은 공연 시작 전에 구매하세요. 공연 중간이나 공연 후에는 기념품 판매처가 매우 혼잡해요.

❽ 공연장에서 와인이나 맥주를 팔기도 하는데 관람을 하는 도중에 마실 수도 있어요. 술을 구입할 때는 생년월일이 있는 신분증을 보여 주어야 해요.

❾ 아이들을 위해서는 앉은키를 높여 주는 쿠션을 제공하기도 해요. 이를 booster seat라고 하는데 안내 직원에게 문의하세요.

◆ 국립 공원·해변 등의 자연 관광지 방문

그랜드 캐니언, 록키 산맥, 와이키키 해변 등 거대한 장관을 자랑하는 자연 관광지를 방문한다면 다음과 같은 사항들을 꼭 체크하도록 하세요.

❶ 해외 국립 공원은 규모가 워낙 크기 때문에 절대로 하루만에 다 구경할 수 없어요. 일정이 넉넉하지 않다면 반드시 어떤 걸 보고 어떤 걸 포기할 지 미리 구체적으로 계획하세요. 또 한 겨울에는 해가 일찍 지니까 일정 을 간단하게 세우도록 하세요.

❷ 물은 과하다고 생각될 정도로 준비하세요. 국립 공원에 들어서면 가게와 식수대는 찾아볼 수 없어요. 현지인들이 해변을 찾을 때 아이스박스에 식수 등의 음료를 가 득 담아 오는 것도 물이 귀하기 때문이랍니다. 바가지 관광은 한국뿐 아니라 서양 에서도 마찬가지라서 물 등은 미리 구입해 오도록 하세요. 또한 국립 공원에는 식 당이 없는 곳도 많으니 샌드위치 등 간단한 음식을 준비해 오는 게 좋아요.

❸ 수시로 날씨를 확인해야 해요. 요즘은 날씨가 워낙 변덕스러워서 갑작스러운 자연 재해를 만날 수도 있어요. 비가 올 때나 바람이 많이 부는 날씨에는 등산이나 서핑 같은 야외 활동은 자제하고 우산보다는 판초와 같은 비옷을 준비하도록 하세요. 차 안에 수건, 여분의 옷, 양말 등도 미리 준비해 두세요.

❹ 야생에서는 뱀이나 코요테, 곰 등의 야생 동물을 만날 수도 있으니 가급적 무리 지 어 다니도록 하세요. 여름철에는 진드기, 모기 등 눈에 잘 보이지 않는 곤충들로 곤 욕을 치르기 때문에 tick spray 등의 벌레 퇴치 스프레이를 온몸에 충분히 뿌리고 긴바지와 긴팔을 입는 게 좋아요.

❺ 산에서 등산로 표시를 숙지하지 않고 가다 보면 길이 아닌 곳으로 들어설 수 있으 니 주의하도록 하세요. 우리나라와는 달리 숲속에서는 사람을 자주 볼 수 없고 핸 드폰 신호도 잘 잡히지 않아서 매우 위험해요.

❻ 선글라스는 멋을 위한 액세서리가 아니라 눈을 보호하기 위한 필수품이에요. 서양 의 해변은 자외선이 매우 강하기 때문에 선크림은 수시로 온몸에 발라 주세요. 모 자, 긴팔 셔츠, 비치 타월 역시 해변에서 꼭 필요한 아이템이에요.

Camera Prohibited	촬영 금지
Admissions	입장료
Adults	성인
The Museum Cannot Be Responsible for Personal Items	개인 소지품은 박물관에서 책임지지 않습니다
Stow Your Bags	가방 보관소
NOW PLAYING	현재 볼 수 있는 공연
WAY OUT / Exit	출구
Entrance	입구
Keep Your Belongings with You at ALL Times	소지품을 항상 가지고 다니세요
Wet Floor	바닥 미끄럼 주의
Rest Area	휴게소
Petting Zoo	동물들을 만질 수 있는 동물원
Do Not Feed the Animals	동물들에게 먹이를 주지 마시오
Ride Height And Age Restrictions	(놀이공원 탈것의) 키와 나이 제한

◆ 꼭 한 번은 말하게 되는 **핵심 문장**

01 표 구입하기

어디에서 표를 사는지 알려 주실래요?	**Can you tell me where to buy a ticket?** [캔유 텔미 웨어 트 바이 어 티켓]
어른 2명 주세요.	**Two adults, please.** [투 어덜츠 플리즈]
오디오 투어를 신청하고 싶어요.	**I'd like to sign up for the audio tour.** [아읻 라잌트 싸인 업 포 디 오디오 투어]
인쇄해 온 표가 있어요.	**I have a printed ticket.** [아이 해버 프린티드 티켓]
학생 할인 해 주실 수 있나요?	**Can you give me a student discount?** [캔유 깁미 어 스튜던트 디스카운]
단체 관광을 하려고 합니다.	**I'd like to go on a group tour.** [아읻 라잌트 고 오너 그룹 투어]
한 명에 얼마인가요?	**How much per person?** [하우 머치 퍼 펄슨]
거스름돈을 잘못 받은 것 같아요.	**I think I didn't get the correct change.** [아이 띵크 아이 디든 겟 더 커렉트 체인지]

02 관광정보 물어보기

한국어로 된 안내서 있나요?	**Do you have a brochure in Korean?** [두유 해버 브로셔 인 코리언]

가방을 꼭 보관해야 하나요?	Should I keep my bag in the locker? [슈라이 킵 마이 백 인 더 락커]
다음 공연은 몇 시인가요?	What time is the next show? [왓 타임 이즈 더 넥스트 쇼우]
강습 시간은 얼마인가요?	How long is the lesson? [하우 롱 이즈 더 레슨]
백화점은 몇 시에 여나요?	What time does the department store open? [왓 타임 더즈 더 디파트먼 스토어 오픈]
섬에 가려면 여객선을 타야 하나요?	Should I take a ferry to go to the island? [슈라이 테이커 페리 트 고트 디 아일랜드]
중간 휴식 시간은 얼마나 길어요?	How long is the intermission? [하우 롱 이즈 디 인터미션]
지도를 얻고 싶습니다.	I'd like to get a map. [아읻 라익트 게러 맵]

03 장비 대여하기

여성용인가요?	Is this for women? [이즈 디스 포 위민]
자전거를 빌리고 싶어요.	I'd like to rent a bike. [아읻 라익트 렌터 바익]
오디오 가이드가 안 돼요.	The audio guide doesn't work. [디 오디오 가이드 더즌 웍]

04 장소 물어보기

마사지를 받을 수 있는 곳이 있을까요?	**Is there any place we can get a massage?** [이즈 데어 애니 플레이스 위 캔 겟 어 마사쥐]
노천 시장이 있나요?	**Is there a street market?** [이즈 데어 어 스트릿 마켓]
어느 쪽으로 나가야 되죠?	**Which way should I leave?** [위취 웨이 슈라이 리브]
지도에서 우리가 어디에 있는지 파악하려고 하는데요.	**I'm trying to figure out where we are on the map.** [암 츄라잉 트 피겨 아웃 웨어 위 아 온 더 맵]

05 기타 사항

당신하고 같이 사진 찍어도 될까요?	**May I take a picture with you?** [메아이 테이커 픽쳐 위듀]
지금 들어가도 되나요?	**May I go in now?** [메아이 고 인 나우]
어른도 할 수 있나요?	**Is this also for adults?** [이즈 디스 얼쏘 포 어덜츠]
줄 서 있거든요.	**I'm in line.** [암 인 라인]

◆ 꼭 한 번은 겪게 되는 **문화 & 에티켓**

원래 아프면 서럽죠. 해외에서는 말해 뭐 하겠어요. 정말 서럽고 무섭습니다. 위급상황에서 안전할 수 있도록 꼭 챙겨야 할 것들을 모았습니다.

◆ 해외에서 아플 때 대처 방법

❶ 기저질환이 있는 분들은 한국에서 복용하던 약을 여행 기간보다 더 많이 준비하도록 하세요. 자연 재해로 인한 항공기 결항, 불의의 사고 등으로 예상보다 오래 해외에 체류할 상황도 염두에 두어야 해요. 일반 의약품은 괜찮지만 조제약들은 의사의 영문 처방전을 준비해 오는 것도 좋아요. 세관에서 약에 대해 말을 해야 할 때 처방전만 보여 주면 따로 부연 설명을 하지 않아도 되거든요.

❷ 두통, 설사, 변비, 피부 가려움 등의 가벼운 질환이 있을 경우에는 약국을 찾으세요. 미국의 약국은 Walgreens[월그린즈]나 CVS[씨비에스]와 같은 대형 약국 체인들이 큰 건물에 단독으로 있기도 하고, Walmart[월마트], Target[타깃] 같은 대형 마트 안에 입점해 있기도 해요. 미국 약국에서는 슈퍼마켓에서 물건을 구입하듯 손님이 알아서 질환에 맞는 약을 구입해야 해요. 이런 약들은 의사의 처방전이 없이 살 수 있는데 Over-the-counter drug[오버 더 카운터 쥬럭]이라고 불러요. 약사가 있긴 하지만 이들의 주 업무는 처방전에 따라 약을 조제하는 것이라서 우리나라 약사들처럼 손님을 맞으며 특정한 약을 추천하는 일은 하지 않아요. 하지만 어떤 약을 구입해야 할지 막막하다면 약사에게(혹은 일반 점원에게) 해외 관광객이라는 상황을 설명하고 약을 추천해 줄 것을 부탁하는 것도 좋아요.

❸ 긴급한 상황이라면 Urgent care[얼전 케어]에 가도록 하세요. 미국, 캐나다 등에서는 한국처럼 어느 병원이든 바로 찾아갈 수 있는 게 아니라 주치의가 있는 병원(Primary care)을 가야 하는데 예약을 해야 하는 등 절차가 복잡해요. 하지만 관광객이라면 현지

인과 같은 절차로 병원을 이용할 수 없기 때문에 Urgent care에서 알레르기, 골절 등의 응급 치료뿐만 아니라 의사 처방전을 받을 수도 있어요. 우리가 알고 있는 응급실(Emergency room)은 교통사고 등 생명이 위급한 환자를 중점적으로 치료하는 곳이에요. 미국의 병원비는 매우 비싸기 때문에 출국하기 전에 만일에 대비해서 여행자 보험을 신청하도록 하세요.

❹ 대형 약국과 마트에서는 일반 의약품과 기본 성분이 동일한 약들을 직접 제조해서 팔고 있어요. 이런 약들은 Generic drug[지네릭 쥬럭]이라고 부르는데, 기존 약보다 훨씬 더 저렴해서 현지인들도 많이 사용하고 있어요. 약 포장에 'Compare to (오리지널 약 이름)'이라고 적혀 있으니 잘 확인하고 구입하세요.

◆ 환전을 많이 하지 말자

우리나라도 그렇지만 서양에서도 현금보다는 신용카드를 많이 쓰기 때문에 많은 금액을 환전할 필요는 없어요. 환전을 할 때는 100달러 등의 큰 액수보다 10~20달러 위주의 적은 금액으로 하는 게 좋아요. 큰 지폐를 받지 않는 가게들도 많고, 적은 금액의 지폐는 팁을 줄 때 요긴하게 쓸 수 있거든요. 여행자 수표는 제약이 많으니 사용하지 않는 것을 추천해요. 신용카드로 계산을 할 때는 카드를 점원에게 건네주는 게 아니라 손님이 직접 카드를 리더기에 읽혀야 해요. 결제 영수증을 어떻게 받을 것인지 선택할 수 있는데, 이때 No receipt(영수증을 받지 않음)나 이메일로 받는 것보다는 출력해서 받아야 나중에 교환이나 환불을 할 때 불편하지 않아요.

◆ 꼭 한 번은 보게 되는 **표지판 영어**

First Aid Kit(Box)	구급 상자
Fire Alarm	화재 경보기
Fire Exit	화재시 비상구
Speed Bump Ahead	전방 과속방지턱
Danger. Multi-hazard Area	위험. 다중 위험 지역
Hard Hats Must Be Worn	안전모 착용 필수
No Unauthorized Access	허가받지 않은 사람은 접근 금지
No Smoking	금연
All Visitors Must Report to Reception	모든 방문객은 안내소에 알려야 합니다
In the Event of Fire Do Not Use These Lifts	화재 발생시 엘리베이터 사용 금지
No Swimming	수영 금지
Fire Extinguisher	소화기
Mind Your Head	(낮은 천장 등에 찧지 않도록) 머리 조심
Shark Sighted	상어 출몰 지역

◆ 꼭 한 번은 말하게 되는 **핵심 문장**

01 **응급상황**

화장실 좀 써도 될까요?	**May I use your restroom?** [메아이 유즈 유어 레스트룸]
화장지가 필요해요.	**I need some toilet paper.** [아이 닛 썸 토일렛 페이퍼]
여기가 어디죠?	**Where am I?** [웨어 앰 아이]
여기에 세워 주세요!	**Stop here, please!** [스톱 히어 플리즈]
여행사 직원에게 전화하겠어요.	**I'm calling my travel agent.** [암 컬링 마이 츄래블 에이전트]
저 남자가 저를 따라오는 것 같아요.	**I think that guy is following me.** [아이 띵크 댓 가이 이즈 팔로잉 미]
강도를 당했어요.	**I was mugged.** [아이 워즈 먹드]
한국어 하는 사람이 있을까요?	**Is there anyone who speaks Korean?** [이즈 데어 애니원 후 스픽스 코리언]
한국 대사관이 어디에 있는지 알려 주시겠어요?	**Can you tell me where the Korean embassy is?** [캔유 텔미 웨어 더 코리언 엠버시 이즈]
한국으로 전화를 하고 싶어요.	**I'd like to make a call to Korea.** [아일 라익트 메이커 콜 트 코리아]
경찰에 연락하겠어요.	**I'll call the police.** [아일 콜 더 폴리스]

급해요.	**I'm in a hurry.** [암 이너 허리]

02 분실

여권을 잃어버렸어요.	**I lost my passport.** [아이 로스트 마이 패스폴트]
도난신고를 하고 싶은데요.	**I'd like to report a theft.** [아인 라익트 리폴트 어 떼프트]
열쇠가 없어요.	**I don't have the key.** [아이 돈 햅 더 키]
제 가방을 찾고 있어요.	**I'm looking for my bag.** [암 루킹 포 마이 백]
분실물 보관소가 근처에 있나요?	**Is there a Lost and Found nearby?** [이즈 데어 어 로스탠파운 니어바이]

03 아플 때

약을 먹어야 해요.	**I need to take my medicine.** [아이 니트 테익 마이 메디슨]
의사한테 가야 합니다.	**I need to see a doctor.** [아이 니트 씨 어 닥터]
구급차를 불러 주세요.	**I need an ambulance.** [아이 니던 앰뷸런스]

두통약 있나요?	Do you have something for a headache? [두유 햅 썸띵 포러 헤드에익]
현기증이 나요.	I'm dizzy. [암 디지]
이렇게 멀미가 나는 건 처음이에요.	It's my first time to have motion sickness like this. [이츠 마이 펄스 타임 트 햅 모션 씩니스 라익 디스]
근처에 약국이 어디 있는지 아시나요?	Do you know any pharmacy nearby? [두유 노우 애니 파머시 니어바이]

04 재난 / 재해

뱀한테 물렸어요.	I was bitten by a snake. [아이 워즈 비튼 바이어 스네이크]
엘리베이터가 안 움직여요.	The elevator doesn't move. [디 엘리베이터 더즌 무브]
제 핸드폰이 먹통이에요.	My cell phone doesn't work. [마이 쎌폰 더즌 웍]
어디로 대피해야 하는 거죠?	Where should we evacuate? [웨어 슛 위 이베큐에잇]

바로 찾아 빨리 쓰는 여행 단어 인덱스

숫자

119에 전화하다 · call 911 [콜 나인 원 원]

1일 교통 카드 · one-day travel card [원 데이 츄래블 카드]

1층 · ground level [그라운 레벨]

1회 승차 · single ride [씽글 라잇]

ㄱ

가격 인하 · markdown [막다운]

가격표 · price tag [프라이스 택]

가다 · go to [고 트]

가득 주유하다 · fill up [필 업]

가려운 · itching [이췽]

가방을 가지고 있다 · keep the bag [킵 더 백]

가방을 꺼내다 · take out the bag [테익 아웃 더 백]

가방을 수화물로 보내다 · check the bag [첵 더 백]

가방을 찾다 (공항에서) · pick up the bag [픽 업 더 백]

가이드가 있는 관광 · guided tour [가이딛 투어]

가족 방문 · visiting family [비지팅 패밀리]

가지고 비행기에 탈 수 있는 가방 · carry-on bag [캐리온 백]

각자 내는 계산서 · separate check [쎄퍼릿 첵]

간식 · snack [스낵]

갈아타다 · transit [츄랜짓]

감시하다 · monitor [머니터]

강도 · robber [러버]

강도를 당한 · mugged [먹드]

개인 물건 · personal items [펄스널 아이템즈]

거리 (~가) · avenue [애비뉴]

거스름돈 · change [체인쥐]

거쳐서 가는 · via [비아]

건너시오 · Cross [크로스]

건너지 마시오 · Do not cross [두 낫 크로스]

건조기 · dryer [쥬라이어]

걸리다 (시간) · take+시간 [테익]

걸어갈 수 있는 거리 · walking distance [워킹 디스턴스]

견인하다 · tow away [토우 어웨이]

경로 · route [루트]

경비원 · security [시큐리티]

경찰서 · police station [폴리스 스테이션]

계산서 · check [첵]

계약서 · contract [컨츄렉트]

고객 · customer [커스터머]

고객 서비스 · customer service [커스터머 서비스]

고구마 · sweet potato [스윗 포테이토]

고도 · altitude [앨티튜드]

고열 · fever [피버]

고장 난 · out of order [아우 로브 오더]

공간 · space / room [스페이스] / [룸]

공사 중 · under construction [언더 컨스트럭션]

공중전화 · public phone [퍼블릭 폰]

공휴일 · holiday [홀리데이]

관광 · sightseeing [싸잇씨잉]

100

관광명소	tourist attraction [투어리스트 어츄랙션]
관광안내소	tourist information center [투어리스트 인포메이션 쎈터]
교차로	intersection [인터섹션]
교통 신호등	traffic light [츄래픽 라잇]
교환	exchange [익스췌인지]
구급약 상자	first-aid kit [퍼스트 에이드 킷]
구명조끼	life vest [라이프 베스트]
구운	baked / grilled [베익트] / [그릴드]
구입하다	purchase [펄췌스]
구토용 봉투	sanitary envelope [쌔니터리 엔벌롭]
국내선	domestic [도메스틱]
국제선	international [인터내셔널]
국제운전면허증	international driver's license [인터내셔널 쥬라이버즈 라이센스]
근육통	muscle pain [머슬 페인]
근처에	nearby [니어바이]
금고	safe [세잎]
금속	metal [메털]
금지된	prohibited [프로히비팃]
급한	in a hurry [이 너 허리]
급행	express [익스프레스]
기내	cabin [캐빈]
기다리다	wait for [웨잇 포]
기장	captain [캡틴]
기침	cough [커프]
길을 잃은	lost [로스트]

꺼내다	take out [테익 아웃]
꼭대기 층	top floor [탑 플로어]

ㄴ

나눠 먹다	share [쉐어]
난기류	turbulence [터뷸런스]
남성 의류	men's wear [멘즈 웨어]
남성용	for men [포 맨]
남은 음식을 포장하는 용기	container [컨테이너]
남자 화장실	men's room [멘즈 룸]
남쪽으로 가는	southbound [싸웃바운드]
낮 공연	matinee [매터네이]
내리다	get off [겟 오프]
냅킨	napkin [냅킨]
냉장고	refrigerator [리프리줘레이터]
넣다	put [풋]
노약자, 임산부를 위한 자리	priority seat [프라이오리티 씻]
노인	seniors [씨니어즈]
녹차	green tea [그린 티]

ㄷ

다 된	all set [올 쎗]
다과	refreshments [리프레쉬먼츠]
다리미	iron [아이런]
다이어트 콜라	Diet Coke [다이엇 콕]
다친	hurt [허트]
닦아내다	wipe off [와입 오프]
단체 관광	group tour [그룹 투어]

담당 웨이터	server [써버]	따뜻한 물수건	hot towel [핫 타올]
담요	blanket [블랭킷]	따라가다	follow [팔로우]
대기자 명단	waiting list [웨이팅 리스트]	땅콩	peanut [피넛]
대사관	embassy [엠버시]		

ㄹ

리모컨	remote control [리못 컨츠롤]
리필	refill [리필]

대여소	rental area [렌털 에어리어]
더 작은 사이즈	smaller size [스몰러 싸이즈]
더 큰 사이즈	bigger size [비거 싸이즈]
데우다	warm up / heat up [웜 업] / [힛 업]

ㅁ

도난	theft [떼프트]	마일리지를 쌓다	earn miles [언 마일즈]
도시 외곽 행	outbound [아웃바운드]	막차	last bus/train [라스트 버스/츄레인]
도착 시간	time of arrival [타임 옵 어라이벌]	맛있는	delicious [딜리셔스]
도착하다	get to / arrive [겟 트] / [어라이브]	매운	spicy [스파이시]
돈을 내다	pay [페이]	머리 위에 있는 짐칸	overhead compartment [오버헷 컴파트먼트]
돈을 인출기에서 찾다	draw money [쥬로 머니]	머무르다	stay [스테이]
돌아오는 티켓	returning ticket [리터닝 티켓]	먹다, 마시다	have [해브]
동물을 만질 수 있는 동물원	petting zoo [페팅 주]	먹이를 주다	feed [피드]
동상	statue [스태츄]	먼저 가세요.	After you. [애프터 유]
동쪽	east [이스트]	멀미	motion sickness [모션 씩니스]
두고 오다	leave [리브]	면, 국수	noodles [누들즈]
두다	place [플레이스]	면세	duty free / tax free [듀리 프리] / [택스 프리]
두유	soymilk [쏘이밀크]	모기 물림	mosquito bite [모스퀴토 바잇]
두통	headache [헤드에익]	모닝콜	wake-up call [웨이 컵 콜]
둘러보다	browse / look around [브라우즈] / [룩 어라운]	목 아픔	sore throat [쏘어 뜨롯]
뒤에	in the back [인 더 백]	목이 마른	thirsty [떨스티]
뒷자리	back seat [백 씻]	목적지	destination [데스티네이션]
등록 서류	registration form [레쥐스트레이션 폼]	몸에 맞는	fit [핏]
등록된	registered [레쥐스터드]	무게 제한	weight restriction [웨잇 리스트릭션]

무료로	without charge [위다웃 촤지] complimentary [컴플리멘터리]	버스 정류장	bus stop [버스 스탑]
무선	wireless [와이어리스]	버튼을 눌러서 문을 열다	press to open [프레스트 오픈]
무인 등록 (주문) 기계	kiosk [키오스크]	벌레 물림	insect bite [인쎅 바잇]
문에 설치된 경보장치	door alarm [도어 얼람]	벗다	take off [테익 오프]
물건	items [아이템즈]	베개	pillow [필로우]
물린 (동물 등에)	bitten [비튼]	베인 상처	cut [컷]
물품 보관소	Lost and Found [로스 탠 파운드]	벼룩시장	flea market [플리 마켓]
미혼	single [씽글]	변기 물을 내리다	flush [플러쉬]
		변비	constipation [컨스티페이션]
ㅂ		병원	hospital [하스피털]
바닥에 물기가 있음	wet floor [웻 플로어]	보고 다니세요!	Watch it! [와취 잇]
바로 가다	go straight [고우 스트레잇]	보관해 두다	keep [킵]
반납	return [리턴]	보다	take a look at [테이 커 루 캣]
반창고	band-aid [밴드 에잇]	보안 검색	security check [씨큐리티 첵]
받다	accept [억셉]	보행자	pedestrian [퍼데스트리언]
밥	rice [라이스]	보험	insurance [인슈런스]
방 청소 서비스	housekeeping [하우스키핑]	복도 (건물)	hall [홀]
방문객	visitor [비지터]	복도 좌석	aisle seat [아일 씰]
방문 목적	purpose of visit [퍼포스 옵 비짓]	볼트 (전기)	voltage [볼티쥐]
방문이 잠겨서 못 들어가다	lock myself out [락 마이셀프 아웃]	부러진	broken [브로큰]
방송하다	make an announcement [메익 컨 어나운스먼트]	부어오르다 (상처)	swell [스웰]
방을 청소하다	clean the room [클린 더 룸]	북쪽으로 가는	northbound [노쓰바운]
방해하다	disturb [디스털브]	분수	fountain [파운틴]
방향	direction [디렉션]	불에 잘 타는	flammable [플래머블]
백화점	department store [디파트먼 스토어]	뷔페 스타일의 식사	All-you-can-eat [올 유 캔 잇]
버리다	litter [리터]	비닐 봉지	plastic bag [플래스틱 백]
		비상구	emergency exit [이머전씨 엑씻]
		비싼	expensive [익쓰펜십]

비어 있는	vacant [베이컨트]
비우다	empty [엠티]
비행기 탑승구	gate [게잇]
비행기 탑승권	boarding pass [보딩 패쓰]
비행기를 놓치다	miss the flight [미쓰 더 플라잇]
빈 방 있음	vacancy [베이컨씨]
빈 자리	empty seat [엠티 씯]
빈 좌석이 없는	full [풀]
빌리다	borrow [바로우]
빨대	straw [스트로우]
빨래	laundry [런드리]

ㅅ

사발	bowl [보울]
사용중	occupied [어큐파잇]
사용하지 않는	not in use [낫 인 유스]
사유지	private property [프라이빗 프로퍼티]
사이드 메뉴	side dishes [싸이드 디쉬즈]
사이즈가 맞지 않는	not my size [낫 마이 싸이즈]
사진을 찍다	take a picture [테이 커 픽춰]
산소 마스크	oxygen mask [옥시즌 매스크]
상하다 (음식이)	go bad [고우 밷]
새 것	brand-new [브랜 뉴]
샐러드 소스	dressing [드레씽]
서랍	drawer [쥬로어]
서랍장	dresser [드레써]
서류	paperwork [페이퍼 웍]
서류 양식	form [폼]
서쪽	west [웨스트]

선물 포장된	gift-wrapped [기프트 랩트]
설사	diarrhea [다이어리아]
성인	adult [어덜트]
세관	customs [커스텀즈]
세관 신고하다	declare [디클레어]
세제	laundry soap [런드리 숍]
세탁기	washing machine [워싱 머신]
셔틀버스	shuttle bus [셔틀 버스]
소금과 후추	salt and pepper [썰 탠 페퍼]
소량 계산대	express checkout [익쓰프레스 첵카웃]
소리가 큰	loud [라우드]
소매치기	pickpocket [픽파켓]
소지품	belongings [빌롱잉즈]
소형차	economy car [이커너미 카]
소화기	fire extinguisher [파이어 익스팅귀셔]
소화불량	indigestion [인디제스쳔]
쇼핑몰	shopping mall [쇼핑 몰]
쇼핑백	shopping bag [쇼핑 백]
수건걸이	towel rack [타월 랙]
수영복	swim suit [스윔 수트]
수영장	pool [풀]
수하물 컨베이어 벨트	carousel [캐로셀]
승강장	platform [플랫폼]
승무원	flight attendant [플라잇 어텐던트]
시간표	timetable [타임테이블]
시내	downtown [다운타운]
시내 행	inbound [인바운드]
시장	market [마켓]

시차 적응을 하지 못하는 상태	jet lag [젯 랙]
식당	dining area [다이닝 에어리어]
식사	meal [밀]
식사 후에	after meal [애프터 밀]
식사용 테이블	tray table [츄레이 테이블]
식초	vinegar [비니거]
신문 (잡지) 가판대	newsstand [뉴스탠드]
신발을 벗다	take off shoes [테익 오프 슈즈]
신용카드	credit card [크레딧 카드]
신용카드를 긁다	swipe [스와잎]
실내	indoor [인도어]
실내화	slippers [슬리퍼즈]
심사관	inspector [인스펙터]
심폐소생술	CPR [씨피알]
싱거운	bland [블랜드]
싼	cheap [치프]
쓰레기	trash [츄래쉬]
쓰레기통	trash bin [츄래쉬 빈]

ㅇ

아울렛	outlet mall [아울렛 몰]
안내인	concierge [컨시어쥐]
안전벨트를 매다	fasten seat belt [패쓴 씻 벨트]
알레르기가 있는	allergic [얼럴직]
알림	notice [노티스]
앞에	in front [인 프론트]
앞자리	front seat [프론 씻]
애피타이저	starter [스타터]
액체	liquid [리퀏]

야외	outdoor [아웃도어]
야채	vegetable [베지터블]
약	medicine [메디슨]
약국	pharmacy [파머시]
양 (음식 분량)	portion [폴션]
양이 많은	too much [투 머취]
어지러운	dizzy [디지]
없어진	gone [곤]
여권	passport [패스폴트]
여기서 먹을게요.	For here. [포 히어]
여분의 방 키	extra room key [엑스트라 롬 키]
여성용	for women [포 위민]
여자 화장실	ladies' room [레이디즈 룸]
여행사	travel agent [츄래블 에이전트]
여행자 수표	traveler's check [츄래블러즈 첵]
연결하다	connect [커넥트]
연락처	contact number [컨택 넘버]
영수증	receipt [리씨트]
예산을 초과한	out of my budget [아우 로브 마이 버짓]
예상 도착 시간	ETA (Estimated Time of Arrival) [이 티 에이]
예약	reservation [레져베이션]
예약을 한도 이상으로 하다	overbook [오버북]
예약이 다 찬	fully booked [풀리 북트]
예약하다	book [북] make a reservation [메이커 레져베이션]
오른쪽에	on the right [온 더 라잇]

오른쪽으로 가다	make a right turn [메이커 라잇 턴]	이곳에만 있는	exclusively [익스클루시블리]
오한	chill [칠]	이륙하다	take off [테이 커프]
온도	temperature [템퍼러춰]	이름 이니셜을 쓰다	initial [이니셜]
올라타다	hop on / get on [합 온] / [겟 온]	이름표	name tag [네임 택]
옷	clothes / outfit [클로우즈] / [아웃핏]	이용 가능한	valid [밸리드]
옷걸이	hanger [행어]	인기 있는	popular [파퓰러]
완성하다	complete [컴플릿]	인쇄된 표	printed ticket [프린팃 티켓]
왕복 수영	lap swim [랩 스윔]	인터넷 접속	Internet access [인터넷 액쎄스]
왕복 티켓	round trip ticket [라운 츄립 티켓]	일련번호	serial number [씨리얼 넘버]
외국 여권 소지자	foreign passport holder [포린 패스포트 홀더]	일반적인	regular [레귤러]
왼쪽에	on the left [온 더 레프트]	일방통행	one way [원 웨이]
요금	fare [페어]	일부 품목	selected items [쎌렉티드 아이템즈]
욕조	tub [텁]	일정	itinerary [아이티너레리]
우회	detour [디투어]	잃어버리다	lose [루즈]
운동하다	work out [월 카웃]	입구	entrance [엔트런스]
운영시간	business hour [비지니스 아우어]	입국	arrival [어라이벌]
운행하지 않음	no service [노 써비스]	입국 신고서	entry form [엔트리 폼]
위험	danger [데인져]	입국 심사	immigration [이미그레이션]
유람선	ferry [페리]	입국 심사관	immigration officer [이미그레이션 어피셔]
유아	infant [인펀트]	입어 보다	try on [츄라이 온]
은행	bank [뱅크]	입장료	admissions [어드미션즈]
음료	beverage [베버리쥐]	ㅈ	
음식을 가져가다	pick up [피컵]	자동문	automated door [오토메이팃 도어]
음식을 할인해서 먹을 수 있는 시간	Happy Hour [해피 아우어]	자리를 바꾸다	switch seats [스위치 씨츠]
의류	garment [가먼트]	자리에 앉다	be seated [비 씨티드]
의식이 없는	unconscious [언컨셔스]	자쿠지	jacuzzi [자쿠지]
		자판기	vending machine [벤딩 머신]

작동하다	work [워크]
작동하지 않는	not working [낫 워킹]
작성하다	fill out [필 아웃]
잠그다	lock up [락 컵]
잠시 머무르기	stopover [스탑 오버]
잡상인 출입 금지	No soliciting [노 설리씨팅]
장비	equipment [이큅먼트]
재고 정리 세일	clearance sale [클리어런스 쎄일]
재발급하다	reissue [리이슈]
재확인하다	confirm [컨펌]
적립되다	be saved [비 쎄이브드]
전방에	ahead [어헤드]
전시	exhibit [이그지빗]
전자레인지	microwave [마이크로웨이브]
전자기기	electronic device [일렉트로닉 디바이스]
전화를 끄다	turn off the phone [턴 오프 더 폰]
전화하다	make a call [메이 커 콜]
접근하다	approach [어프로우취]
접시	plate [플레이트]
접질린, 삔	sprained [스프레인드]
정각에	sharp [샤프]
정장 차림	suit and tie [숫 앤 타이]
제한 규격이 넘는 가방	over-sized luggage [오버 사이즈드 러기쥐]
제한 물건	restricted articles [리스트릭티드 아티클즈]
조심하시오	Beware of [비웨어 오브]
좌석	seat [씻]
좌석 아래	under the seat [언더 더 씻]

좌석번호	seat number [씻 넘버]
좌석을 뒤로 제치다	recline [리클라인]
좌석을 제자리로 하다	put the seat back up [풋 더 씻 백 컵]
좌석을 차다	kick the seat [킥 더 씻]
주문하다	order [오더]
주문할 준비가 된	ready to order [레디 트 오더]
주차장	parking lot [파킹 랏]
줄을 선	in line [인 라인]
줄이다	turn down [턴 다운]
중간 휴식 시간 (공연)	intermission [인터미션]
중고의	second-hand / used [쎄컨 핸드] / [유즈드]
중형차	mid-sized car [미드 싸이즈드 카]
증상	symptom [씸텀]
지나가겠습니다	Let me through [렛 미 뜨루]
지나가다	pass through [패쓰 뜨루]
지도	map [맵]
지역 시각	local time [로컬 타임]
지역 주소	local address [로컬 애드레스]
지역 특산품	local specialty [로컬 스페셜티]
지정된	designated [데지그네이티드]
지정석	designated seat [데지그네이티드 씻]
지진	earthquake [얼뜨퀘익]
지퍼백	Ziploc bag [집락 백]
지폐	bill [빌]
지하철	subway [써브웨이]
지하철 노선도	subway map [써브웨이 맵]
지하철역	subway station [써브웨이 스테이션]

직원	employee [임플로이]
직진하다	go straight [고우 스트레잇]
진술서	statement [스테잇먼트]
짐	luggage [러기쥐]
짐을 찾는 곳	baggage claim [배기쥐 클레임]
집어넣다	stow [스토우]

ㅊ

차를 렌트하다	rent a car [렌트 어 카]
차를 반납하다	return the car [리턴 더 카]
착륙하다	land / touch down [랜드] / [터치 다운]
창가 좌석	window seat [윈도우 씻]
찾다	look for [룩 포]
천천히 하세요.	Take your time. [테익 유어 타임]
첫차	earliest bus/train [얼리스트 버스 / 츄레인]
청소년	adolescent [애돌레슨트]
체크 아웃하다	check out [첵 카웃]
체크카드	debit card [데빗 카드]
초과하다	exceed [익씨드]
총액	amount [어마운트]
최종 목적지	final destination [파이널 데스티네이션]
출구	way out [웨이 아웃]
출구 없음	dead end [데드 엔드]
출구로 나가다	exit [엑씻]
출국	departure [디파춰]
출국하다	leave the country [리브 더 컨츄리]
출입 금지	No trespassing [노우 츄레스패싱]

출입 금지 구역	restricted area [리스트릭티드 에어리어]
충분이 익지 않은	not cooked enough [낫 쿡트 이넢]
층	floor / level [플로어] / [레벨]
치이다 (차 등에)	be hit [비 힛]
치통	toothache [투뜨에익]
침대 시트	bed sheet [벧 쉿]
침대를 정돈하다	make the bed [메익 더 벧]

ㅋ

카페인이 없는	decaffeinated [디캐프네이팃]
칸막이가 된 식당 좌석	booth [부뜨]
커피 메이커	coffee machine [커피 머쉰]
커피를 내리다	brew [브루]
커피에 우유를 섞을 수 있는 여유 공간	room for cream [룸 포 크림]
콘센트	outlet [아울렛]
콧물이 흐르는 증상	runny nose [러니 노우즈]
큰 돈을 잔돈으로 바꾸다	break [브레이크]
키 제한	height restriction [하이트 리스트릭션]

ㅌ

타다	ride [라이드]
탄산수	sparkling water [스파클링 워터]
탈의실	dressing room [드레싱 룸] fitting room [피팅 룸]
탐지기	detector [디텍터]
탑승한	aboard [어볼드]
택시	cab [캡]

택시 승차장	taxi stand [택시 스탠드]	항공사 직원	airline agent [에어라인 에이전트]
테이크 아웃	To go [트 고우]	항공편	flight [플라잇]
통과하다	walk through [웍 쓰루]	핸드백	purse [펄스]
튀긴	deep-fried [딥 프라이드]	향하는	To ~ [투]
트윈 베드	twin bed [트윈 벧]	허락	permission [퍼미션]
티켓 발매기	ticket machine [티켓 머쉰]	험한 날씨	severe weather [씨비어 웨더]
티켓 판매소	ticket counter [티켓 카운터]	헤드폰	headset [헤드쎘]
		헬스장	gym [쥠]
ㅍ		현금	cash [캐쉬]
판매 완료된	sold out [쏠드 아웃]	현금 자동 입출금기	ATM [에이 티 엠]
판매용이 아닌	not for sale [낫 포 쎄일]	호텔 벨보이	bellhop [벨홉]
팜플렛	brochure [브로우셔]	호텔 프런트	front desk [프론 데스크]
편명	flight number [플라잇 넘버]	혼자 여행하다	travel alone [츄래블 얼론]
포함되지 않은	excluded [익쓰클루딧]	화면	screen / monitor [스크린] / [머니터]
포함된	included [인클루딧]		
피가 나다	bleed [블리드]	화장실	restroom [레스트룸]
필요하다	require [리콰이어]	화장실 (비행기)	lavatory [래바토리]
		화장지	toilet paper [토일렛 페이퍼]
ㅎ		환불	refund [리펀드]
학교 앞 횡단보도	school xing [스쿨 크로씽]	환승 (교통편)	transit [츄랜짓]
학생 할인	student discount [스튜던 디스카운트]	환승 항공편	connecting flight [커넥팅 플라잇]
학생증	student ID [스튜던 아이디]	환전소	currency exchange [커런씨 익쓰체인쥐]
한 사람당	per person [퍼 펄쓴]		
할인 쿠폰	discount coupon [디스카운 쿠폰]	활주로	runway [런웨이]
할인하는	on sale / ~% off [온 쎄일] / [오프]	횡단보도	crosswalk [크로쓰웍]
		횡단보도 신호등	crossing light [크로씽 라잇]
할인해 주다	give a discount [기버 디스카운]	휴가	vacation [베이케이션]
		휴대용	portable [포터블]
함께 나오다	come with [컴 윗]	흔들림이 많은 비행	bumpy ride [범피 라잇]
합해서	in total [인 토털]	흡연실	smoking room [스모킹 룸]

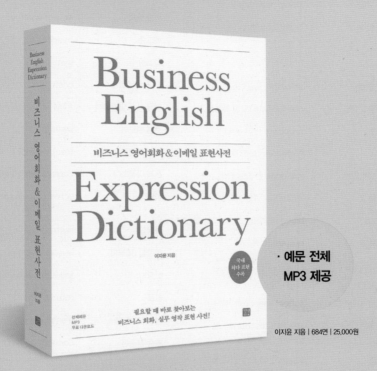

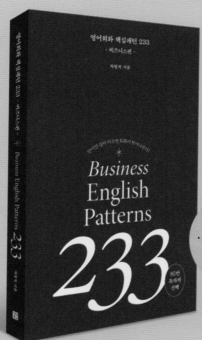